从**财务分析**到**经营分析**

袁国辉◎著

人民邮电出版社

北　京

图书在版编目（CIP）数据

从财务分析到经营分析 / 袁国辉著. -- 北京 : 人民邮电出版社, 2022.7
ISBN 978-7-115-59434-1

Ⅰ. ①从… Ⅱ. ①袁… Ⅲ. ①企业会计－会计分析②企业管理－经济活动分析 Ⅳ. ①F275.2②F275.5

中国版本图书馆CIP数据核字(2022)第099794号

内 容 提 要

　　财务分析是实践性活动，需要财务人员走进业务、探究业务，找出数字背后的企业经营真相。

　　《从财务分析到经营分析》考虑到企业外部利益相关者和内部管理者对财务分析的需要，兼顾现代企业财务分析的新特点与新趋势，讲述了如何实现从财务分析到经营分析的蜕变。书中内容从需求角度出发，聚焦实务，深入讲解了立足财务报表做财务分析，以及数据分析与业务分析的关键点；解读了财务指标与财务比率，给出了财务分析的方法；同时，对华为公司 2021 年财报进行了精要解析。全书内容深入浅出，将财务分析知识与业财融合的关键点结合起来讲解，体例新颖，文字简洁，具有较强的实用性与可操作性。

　　本书适合企业中高层管理者、财务分析师、一般财务人员阅读与使用，也可作为相关机构管理会计、财务分析等课程的培训用书。

◆　　　著　　袁国辉
　　　责任编辑　付微微
　　　责任印制　彭志环

◆人民邮电出版社出版发行　　　北京市丰台区成寿寺路 11 号
　邮编 100164　　电子邮件 315@ptpress.com.cn
　网址 https://www.ptpress.com.cn
　北京鑫丰华彩印有限公司印刷

◆开本：880×1230　1/32
　印张：8.25　　　　　　　　　2022 年 7 月第 1 版
　字数：125 千字　　　　　　　2025 年 10 月北京第 26 次印刷

定　价：59.00 元
读者服务热线：（010）81055656　印装质量热线：（010）81055316
反盗版热线：（010）81055315

　　近些年，我常给企业财务人员讲授"从财务分析到经营分析"课程，原以为把课程的讲义转化为书稿出版并非难事，但真正动手做这件事时才知道，我想简单了，课程讲义与书稿的转化并非易事，它们毕竟是两种不同形态的智力成果。

　　财务分析是财务人员从事财务管理活动的标配动作，我们在大学里学的"财务分析"知识与企业需要的"财务分析"还是有些区别的。这或许就是很多科班出身的财务人员进入职场后仍不会做财务分析的主要原因。

　　财务分析也是财务人员由财务会计向管理会计转型的

必备技能，因而财务人员都渴望掌握这项技能。自从我2013 年做自媒体"指尖上的会计"以来，就不断有粉丝朋友建议我尽快推出一本专门讲如何做好财务分析的书。出版社的邀约、粉丝朋友们的叮嘱，一起成了我写这本《从财务分析到经营分析》的原动力。

惰性是创作的大敌，写作本书的过程就是我与惰性做斗争的过程。这一过程辗转反复，胜利成果来之不易，直至 2022 年 3 月，我总算完成了书稿编写工作。

本书拖延至今，主要原因还在于它难写，难在它是一本讲工作方法论的书。财务分析是实践活动，要把实践的内容写成书，除了描述具体做法，还需要提炼出形而上的理论。从实践中来，到实践中去，财务理论只有与财务实践完美契合了，它才能成为方法论，才能指导财务实践。

我的财务分析思想成型于 2007 年，这一年我在华为公司预算与成本管理部任职。当时华为公司销服体系与财经体系合力在全球各代表处推"一报一会"，华为公司做这个内部管理项目的目的是让代表处的管理者懂得运用财务工具去改进经营管理，"管理者要学会运用财务分析方法，通过财务指标解读，找到业务中存在的问题，并采取手段去改进。"我完整地参与了这个管理项目，也正是通过参与这个项目，我深深地被华为公司做事的严谨、踏实、执着所折服。

向经营分析升华，这是华为公司所推崇的财务分析模式，也是财务分析落地成为管理工具的必经之路。可以说，这也是本书的主旨。

本书从篇幅上看并不厚重，它聚焦实务、立足疑难，考虑到企业外部利益相关者和企业内部管理者对财务分析的需要，兼顾现代企业财务分析的新特点与新趋势，讲述从财务分析到经营分析的蜕变。对于一本讲述工作方法论的书，只要把原理和方法讲清楚了，书篇幅越小，越便于读者阅读与学习。

书中部分文章曾在我创办的微信公众号"指尖上的会计"上发表过，这次将它们收录成书正式出版，我努力做了修订完善。书稿完成后，简志豪先生［联生药（扬州）生物医药有限公司财务总监］、范宏远先生［中交富力和美（北京）置业有限公司财务主管]、吴利梅女士（邯郸市曙光建安有限公司财务总监）、罗欣欣女士（北京智丰企业管理咨询有限公司财务总监）做了校阅工作，他们提出了诸多中肯的修订意见，在此我要对他们的辛勤付出表示感谢！

这是我在人民邮电出版社出版的第六本书。书中的文字虽是作者创作，但书作为商品，则是作者、编辑、美编、策划与营销等人员共同努力的成果。一本好书得以出版，除了作者的付出，出版社诸多工作人员功不可没。

自从创办自媒体"指尖上的会计"以来，我时常为粉丝朋友们分享自己的财务工作经验与财务理论思索，也乐意为之。只要"指尖上的会计"还在运营，我相信《从财务分析到经营分析》不会是我的最后一本书，我与人民邮电出版社的合作还会继续。

因本人水平有限，本书一定还存在不少瑕疵，如您在阅读本书时发现讹误或有待商榷之处，请关注我的微信公众号"指尖上的会计"留言告知，以便本书再版时修订补正。

　　《从财务分析到经营分析》源起"指尖上的会计"，它的内容是务实的，是诚意满满的。借本书出版之机，我衷心感谢读者朋友与粉丝朋友们对"指尖上的会计"一如既往的支持，谢谢大家！

袁国辉

2022 年 4 月 24 日于北京

目 录

CONTENTS

第一章　**从需求角度做财务分析 / 1**

> 需求会刺激供给，财务分析的供给者一般是财务人员，那它的需求者是谁呢？搞清楚这个问题非常重要，因为它会决定财务分析如何定向。债权人、潜在投资者、股东也有看财务分析报告的需求，但他们希望看到的财务分析报告与企业经营管理者希望看到的财务分析报告是不一样的。服务于企业经营管理的财务分析一定要服从企业财务管理的目标——实现企业价值最大化。

第二章　立足财务报表的财务分析 / 29

> 财务分析是基于数据的分析，具体来说，是基于财务数据的分析。财务报表是企业关键财务数据体系化、逻辑化、时点（期）化的体现，立足于财务报表做财务分析，可以让财务分析具有较为扎实的数据基础。但我们也要清醒地认识到，财务报表牵涉各方面的利益，其未必是完全可信的。财务报表不可信，意味着财务分析的基础不牢固。所以，我们在做财务分析之前，先要带着审慎的眼光对数据的真实性、公允性做出评判。

第三章　数据分析与业务分析 / 61

> 财务分析有两个层次：一是数据分析，二是业务分析。数据分析是业务分析的基础。在进行数据分析前，还原财务报表的真实面目，是立足财务报表做财务分析的第一步。数据分析的目的是识别异动的财务数据，找出异动数据后，再结合业务定位原因，这就是业务分析需要做的事情了。数据分析与业务分析的终极目标是一致的，都是要定位出财务数据的"病灶"。

第四章　财务分析的方法 / 77

> 既然是分析，就有分析的方法，财务分析也不例外。我们做财务分析时，需要借助一定的方法来达到分析的目的。与目的相比，方法只是手段，只要能够实现目的，方法越简单越好。从这个角度讲，不存在最优的财务分析方法，只有最合适的财务分析方法。财务分析的方法有很多，本书不做一一介绍，只就实际工作中经常用到的四种分析方法做重点讲解。这四种财务分析方法分别是比较分析法、比率分析法、因素分析法、趋势分析法。

第五章　解读财务指标与财务比率 / 101

> 会计作为一门学科，有大量的专业术语，这些术语自然包括财务指标与财务比率。我们做财务分析时离不开对财务指标与财务比率的解读。每个财务指标或财务比率的异常变化都会直接或间接地反映出企业经营中存在的问题。解读财务指标与财务比率的关键是正确地理解它们，这种理解既需要知道它们的经济内涵，也需要了解引起它们变动的关联因素。可以这样说，解读财务指标与财务比率是做财务分析的基本功。

第六章 从财务分析到经营分析的蜕变 / 139

> 华为公司推崇经营分析，而不是单纯的财务分析。财务分析要想真正起到作用，推动业务改进是关键。财务分析需要走进业务、探究业务，找出数字背后的故事，把定位问题变成解决问题，把推脱责任变成分派任务。具体言之，财务分析要指出问题、找出对策、落实责任、到期考核。这样下来，财务分析自然会突破财务的范畴，成为"一把手工程"。如此闭环往复作业，即可实现从财务分析到经营分析的蜕变。

第七章　业财融合是做好财务分析的保证 / 165

> 财务人员向管理会计转型以及业财融合，现在已成为热门话题。可以这样说，业财融合是财务人员实现自身更高价值的需要，也是财务人员更好地服务业务的需要。财务人员不懂业务，做财务分析时就不可能深入到业务层面去。财务分析要想升华为经营分析，需要财务人员自觉地融入业务，站在业务的角度说业务人员能听懂、能理解的话。

第八章 **财务预算、绩效考核与财务分析** / 185

> 财务预算、绩效考核、财务分析是"三位一体"的财务管理工具,这三者年复一年地贯穿于企业财务管理的过程中。财务预算是源头,有了它,一方面让绩效考核有了抓手,可以确定 KPI 要达到的目标;另一方面让财务分析有了对标的依据,据此可以对实际财务状况的优劣进行评比判断,方便经营纠偏。反过来也可以这样理解,绩效考核为预算目标的达成提供了手段保证,财务分析为预算目标的达成提供了方法保证。把财务预算、绩效考核、财务分析这三个工具结合起来使用,三者都容易发挥作用;将之割裂开来,画虎类犬,很可能都会搞成形式主义。

01

第一章
从需求角度做财务分析

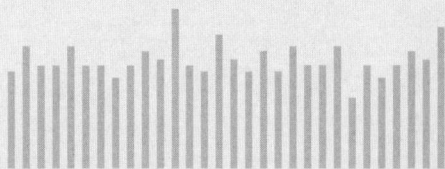

引言

　　需求会刺激供给，财务分析的供给者一般是财务人员，那它的需求者是谁呢？搞清楚这个问题非常重要，因为它会决定财务分析如何定向。债权人、潜在投资者、股东也有看财务分析报告的需求，但他们希望看到的财务分析报告与企业经营管理者希望看到的财务分析报告是不一样的。服务于企业经营管理的财务分析一定要服从企业财务管理的目标——实现企业价值最大化。

一、做财务分析的目的

　　在很多财务人员眼里，财务分析报告是用于交差的，因为企业要召开季度例会、年会，会议议程中需要财务负责人汇报工作，所以就做了。至于做财务分析的目的是什么，财务人员可能没有认真思考过，或者思考了，却没有想明白。目的不明确，思路就不会清晰，财务人员难免会把财务分析当成一种应付式的工作。翻开一份应付式的财务分析报告，你会发现分析过程牵强附会、逻辑含混不清。

1. 实现企业价值最大化

追根溯源，做财务分析是一项财务管理行为。既然企业财务管理的目的是实现企业价值最大化，那么以此推演，做财务分析的终极目的也应是实现企业价值最大化。懂得这一点后，我们就能明白以前写财务分析报告时，为何自己总没有底气了。

接下来要思考的是，如何让财务分析帮助企业实现价值最大化？由于财务分析本身不是经营行为，因此它不能直接为企业创造价值，它能带来的经济收益要通过帮助企业改善经营间接体现。既然如此，在做财务分析时，财务人员要与业务人员积极合作，力求让财务分析的价值体现得更充分。这也是我们极力反对财务部门闭门造车、自说自话做财务分析的主要原因。

2. 如何体现财务分析的间接价值

在做财务分析时，我们应找出经营管理中有碍实现企业价值最大化的短板，分析原因，提出改进建议，并推动解决。这可以从两个层面思考。

（1）能否揭示出企业经营中存在的问题，这取决于财务人员的专业能力及其与业务的融合度。

（2）能否提出有针对性的改进建议，并推动解决业务问题，这取决于企业"一把手"的认同与参与。一旦这些改进建议被认可、被践行，财务分析的价值就显现出来了。

总之，财务分析的质量如何，可以从以下三个层次判断：

第一个层次，简单的数据比较，找出异常；

第二个层次，对数据异常的原因做出解释；

第三个层次，找出业务原因，然后定位出问题数据背后的问题点，并提出相应的解决方案。

只有做到了第三个层次，财务分析才能被视为管理工具。

二、谁需要财务分析报告

在管理会计日渐被重视的当下，财务分析的地位有所提高。谈到财务分析，被问得最多的是以下三个问题。

（1）**怎么做？** 新人喜欢这么问，他们潜意识里觉得财务分析很高深，但没做过，因此有学习的冲动。

（2）**分析什么？** 职场晋级的会计人喜欢这么问，因为他们觉得可分析的点太多了，但面面俱到又不是领导想要的。

（3）**有用吗？** 财务经理喜欢这么问，每当费尽心思的成果不被认可时，他们会很"受伤"。

要回答这三个问题，我们先要弄清楚一个前提：财务分析做出来后到底谁要看、谁会看。只有清楚了这个前提，上述三个问题才有答案。

谁要看财务分析报告？总结起来，以下四类人员对财务分析有需求，如表1-1所示。

表1-1 财务分析的需求对象与目的

需求对象	需求目的
内部人——经营班子	发现问题，改进管理，提升绩效
上级单位——控股股东	加强监督，防止舞弊
潜在投资人	识别拟投资企业的商业价值
债权人	了解企业的资金情况与偿债能力

从上表可以看出，不同类型的需求对象对财务分析的关注点是不一样的。

▶ **第一类需求对象**是企业的内部人，主要是企业的经营班子，即内部管理层。管理层作为企业的决策者，他们需要了解企业的真实情况，需要通过对企业财务数据的分析来支撑他们所做的决策。对管理层而言，财务分析可以起到以下两方面的作用：

（1）通过财务分析可以发现企业在经营管理中存在的问题，管理层可以通过解决问题来改进企业的经营管理；

（2）财务分析有助于提高企业的经营效率，如管理层通过了解企业的资金量、资产量、资源量，可以对企业下一阶段的发展策略做出预判。

▶ **第二类需求对象**是企业的上级单位，主要是指企业的控股股东。控股股东通过了解被控股企业的实际情况，可以加强对下属经营单位的监督、管理，防止下属经营单位出现经营舞弊、腐败等情况。

▶ **第三类需求对象**是企业的潜在投资人。例如，股票二级市场中活跃的投资者，他们购买某企业的股票需要查看该企业年报、季报，借此了解该企业的盈利能力及现金流、资产等情况，并判断该企业的股票是否值得投资；再例如，VC（风险投资，Venture Capital）、PE（私募股权投资，Private Equity）等投资机构在投资某企业之前需要对该企业做尽职调查，尽职调查的其中一项就是对企业的财务状况进行分析。

▶ **第四类需求对象**是企业的债权人（主要指银行等金融机构）。他们需要了解企业的资金情况与偿债能力是否满足借款合同的限定条款（如流动比例、利息保障倍数等），借此判断是否给企业提供贷款或决定是否续贷。

通过以上分析可得出如下结论：财务分析报告的第二、三、四类需求对象与第一类需求对象的立足点是不同的，既然立足点不同，分析方法、分析思维也就不同。一份财务分析报告"包打天下"的做法是行不通的，财务人员在做财务分析时，应根据报告受众不同，分别撰写不同版本的财务分析报告。

三、做好财务分析的两个核心理念

核心理念 1：如同医生看病一样做财务分析

我们做财务分析的目的是什么？对此我常用一个比喻来说明，财务人员给企业做财务分析，就像医生给病人看病。做检查、下诊断、开处方，这是医生看病的全过程。财务人员给企业做财务分析的过程，可与医生给病人看病类比。

试想一下，财务人员做财务分析，一开始是不是先"做检查"呢？都检查什么呢？自然是检查关键的财务数据。为了方便评价，财务人员先要给待检查的财务数据找一个参照系，如过往同期的数据（同比）、上个月度或季度数据（环比）、优秀同业数据（标杆）、集团内兄弟企业数据，两相对照，看看这些数据是变好了，还是变差了。变好的，可以叫亮点；变差的，叫暗点。查找变好的和变差的财务数据的过程，实际上就是识别企业价值和发现经营风险的过程。

财务人员针对自己工作的企业做财务分析，不用过多地识别企业价值。企业有没有价值、有什么价值，相信财务人员心里有杆秤。如果财务人员站在企业经营管理的角度来做财务分析，更多的应该去识别企业经营当中存在的问题。具体言之，财务人员应透过异常或异动的财务数据把问题"准确地定位出来"。

为什么这么讲呢，因为有些问题是具有隐蔽性的。虽然这些问题也会体现在数值的不利变化上，但诱因不见得就是我们看到的表象。

举个例子来说明：

> 企业销售收入大幅度下滑，板子是不是该打在销售人员身上呢？如果你这么简单定位，很可能会错怪好人。产品卖得不好，不见得就是销售人员能力和责任心出了问题。如果企业产品质量有问题，销售人员怎么可能把产品卖得好呢？如果产品在研发设计阶段就出了问题，销售人员又怎么可能把产品卖出去呢？一股脑地把销售业绩下滑的责任都推到销售人员身上，很可能会把企业真正的问题掩盖起来，如忽视了研发层面、生产层面及采购层面的问题。

看到有问题的财务数据，财务人员要深入挖掘数据背后的业务原因。这个挖掘业务原因的过程就是"下诊断"的过程。

等财务人员把企业的问题都找出来了，定位清楚了，接下来要做的就是"开处方"。医生开处方，是为了治病救人。就财务人员做财务分析而言，一旦发现企业经营管理当中存在问题，就应该想办法，提出解决措施及建议，目的是把问题解决掉。所以，财务人员做财务分析像极了医生给病人看病，同样是做检查、下诊断、开处方三部曲。

核心理念 2：围绕"财务金三角"做财务分析

看到这里，可能有人会问："'做检查'的时候都检查哪些方面呢？一个企业的财务数据很多，三张会计主表涉及的数据加起来有 100 多项。这 100 多项数据，我们需要重点关注哪些呢？"针对这些问题，我给大家一个简洁明了的建议，重点关注"财务金三角"，围绕"财务金三角"做检查。

"财务金三角"并非会计专业术语，它是用一个形象的比喻来解读企业的财务表现。那么，"金三角"是哪三个角呢？

第一个角，增长性。

第二个角，盈利性。

第三个角，流动性。

我们都知道三角形具有稳定性，"财务金三角"能稳定什么呢？它能稳定企业的价值，如图 1-1 所示。

设想一下，一个企业如果能同时做到增长性、盈利性、流动性都好，那么这个企业就是个具有较高价值的企业。

增长性是指企业业务规模的扩张。企业一旦停止了业务规模的扩张，止步不前，就可能陷入危险境地。逆水行舟，不进则退，这一点在企业发展的道路上表现得尤为明显。企业业务规模的扩张，主要看销售收入的增长，确切地说，应该看主营业务收入的增长。

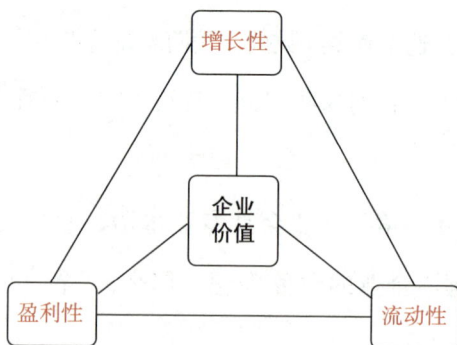

图 1-1 "财务金三角"

盈利性体现在两个方面：一是企业层面的盈利性，即净利润的大小；二是产品层面的盈利性，即产品毛利率的高低。我们当然希望企业盈利，企业的产品也盈利。如果一家企业的产品盈利，但企业不盈利，这说明什么呢？很可能意味着企业管理效率低下，企业有必要在管理上挖掘潜力，把管理费用、销售费用降下来。如果企业不盈利，企业的产品也不盈利，那么这样的企业应尽快谋求转型。产品不盈利，说明企业没有市场竞争力，若转型也存在困难，则企业很可能会面临破产与倒闭的危机。这样的企业建议及早撤出市场，撤出越早，损失可能会越小。

流动性主要看三点。一看现金流是否健康。企业财务数据的内核是什么？一句话：有利润的收入，有现金流的利润。企业经营不能只谋求盈利，仅盈利是不够的，还要赚钱。赚钱这个词很有内涵，它本身不是会计术语，但它是两个会计术语的组合，即利润和现金流。实现有现金流的利润，这才叫赚钱。二看资产周转。一家企业资产周转速度快，往往意味着管理规范。三看负债率。我们应重点关注企业的负债率是否维持在合理的水平。这里并不是说负债率越低越好，在市场拓展期，企业适当举债是有利于实现快速扩张的。当然，也不是说负债率越高越好，负债率太高，企业可能会有债务风险。

围绕"财务金三角"做财务分析，这一思想非常简洁，也很明确。如同医生看病一样做财务分析，围绕"财务金三角"做财务分析，这两个理念都很形象生动，希望这两个理念能帮助大家理解财务分析的真谛。

四、财务人员融入业务的三个方向

在华为公司内部，任正非谈及对财务人员的要求，不止一次说过如下这番话：

（1）财务人员如果不懂业务，只能提供低价值的会计服务；

（2）财务人员必须要有渴望进步、渴望成长的自我动力；

（3）没有项目经营管理经验的财务人员难以成长为CFO（首席财务官，Chief Financial Officer）；

（4）称职的CFO应随时可以接任CEO（首席执行官，

Chief Executive Officer）。

任正非的这番话，可以提炼出一个核心思想，就是财务人员要懂业务、融入业务。融入业务、服务业务，是华为公司对财务人员的基本要求。为此，华为公司甚至制定了财经干部与业务干部的双向交流计划。任正非明确要求："财务干部要懂些业务，业务干部应知晓财务管理。有序开展财经和业务的干部互换及通融，财务要懂业务，业务也要懂财务，形成混凝土结构的作战组织，才能高效、及时、稳健地抓住机会点，在积极进攻中实现稳健经营的目标，使企业推行的 LTC（从线索到现金，Lead to Cash）、IFS（集成财务管理系统，Integrated Financial Management Systems）能真正发挥作用。"

"从各业务部门抽调干部到财经管理部任职，加强财经组织的业务建设，改变财经组织一直以来简单、固执、只会苦干不会巧干的做法。"用任正非的话说，这么做的目的是"在财经组织里加入一些沙子，形成混凝土，而非取代财务人员。当然，换岗的业务干部要先通过会计考试"。

财务人员融入业务，已经是普遍共识了。但好说难做，融入业务的具体路径有哪些呢，如何才能快速实现呢？任正非给财务人员指出了三个方向。

方向一：参与项目管理

企业规模越大，财务人员的分工越细，往往只能专注一小段工作，很难窥探财务工作全貌。基层财务人员要想尽快掌握财务整体工作，最好的选择是做项目财务。一个项目做下来，项目财务人员相当于经历了一个小企业完整的经营周期，历练全面且贴近业务。多经历几个这样的项目循环，可为财务人员转型成为 CFO 奠定基础。

方向二：参与经营分析

华为推崇经营分析，而不是单纯的财务分析。财务分析一定要结合企业业务实际进行，财务分析报告要从服务业务的角度编写，否则其作用就会很有限。具体言之，财务分析要透过财务数据挖掘背后的业务原因，指出问题、找出对策、落实责任、到期考核。这样做下来，财务分析自然会突破财务管理的范畴，成为经营管理工具。

方向三：参与计划、预算、预测

计划与预算是什么关系？计划是龙头，制订计划的人一定要明白业务。地区部要成立计划、预算与核算部，要让懂业务的人来带领。只有计划做好了，预算与核算才有依据来修正、考核计划。计划是方向，预算是量化，核算是校验，三者互相促进，其关键点是做计划的人要懂业务。财务人员必须不断与业务人员沟通才能得出务实的结论。

《华为基本法》第八十一条规定："公司以及事业部和子公司的财务部门，应定期向财经管理委员会提交预算执行情况的分析报告。根据预算目标实现程度和预算实现偏离程度，考核财务部预算编制和预算控制效果。"

财务对业务的支持从事后走向事前，预测是可以为之的举措。准确的预测有助于企业做出正确的决策，可以优化企业的资源配置。财务分析报告在结尾处往往要对全年经营指标进行预测，预测准确与否，从某种程度上讲，也是检验财务分析效果的标尺。

如果财务人员不知道该如何了解业务、融入业务、服务业务，不妨从任正非指明的这三个方向入手，点滴积累、日拱一卒。

五、从财务报表看企业的价值实现

1. 对企业价值实现的简要说明

（1）不能用总资产与净资产衡量企业价值

企业资产的多少并不代表企业价值，企业的资产由两部分构成：属于股东的资产（在资产负债表上表现为股东权益）和向债权人借入的资产（在资产负债表上表现为负债）。企业的价值不能用总资产的多少来衡量，因为向债权人借入的资产是要偿还的。如果总资产越多，企业价值越大，那么企业只要多举债，这一目标就能实现。

剔除负债因素，企业的价值能否用净资产（股东权益）的多少来衡量呢？这需要考察企业资产的质量。实际上，企业资产质量是有差异的，有些资产质量很高，如现金、银行存款、短期投资等；有些资产的质量较低，如应收账款、长期投资、固定资产等；还有一些资产的质量非常低，被谴称为"垃圾资产"，如无形资产、长期待摊费用、递延税款等。正因为资产的质量存在高低之分，净资产同样不能代表企业的价值。设想一种极端的情况，如果企业的净资产全部由"垃圾资产"构成，此时的企业又有何价值可言！

实际上，企业的价值取决于其未来现金净流量的折现，只有企业投入的资本回报超过资本成本，才会创造价值。通俗地讲，要实现企业的价值，有两点至关重要：其一，企业要有利润；其二，利润应切实转变为现金流入企业。

（2）企业价值实现的表现形式：净利润和净资产的增加

分析了什么是企业的价值，并不足以给人留下感性的印象。用未来现金流量的折现来解释价值是很抽象的，不利于非财务人员理解。鉴于此，我们有必要对企业价值的表现形式做出说明。在具体形态上，企业的价值增加大都表现为净资产和净利润的增加（净利润增加必然带来净资产增加）。

上文中我们谈到不能用净资产来衡量企业价值的高低，这里又说企业的价值增加大都表现为净资产和净利润的增加，二者是否矛盾呢？并不矛盾。原因在于，净资产、净利润与企业价值是现象与本质的关系，现象不能代表本质，但本质能解释说明现象。

提到了企业的价值，就有必要对企业的财务管理目标进行一番说明。利润最大化与每股收益最大化姑且不论，股东权益最大化与企业价值最大化是目前学术界争议较大的话题。本书不打算对二者的区别与联系展开分析，在企业财务管理实务中，以股东权益最大化作为目标或许更便于理解和操作。在一定程度上，企业的利润、价值及股东权益（净资产）基本是正相关的。

2. 对资产负债表构成的简要分析

（1）对资产负债表的几点说明

第一，资产＝负债＋股东权益，资产多不一定意味着企业实力强。

第二，资产与负债均按照"流动性强弱"排列，流动性反映的是资产的变现能力；流动性强的资产，相对而言质量也较高，但两个概念不能等价。

第三，企业"净资产"即"股东权益"，才是真正属于股东的资产。

第四，"未分配利润"的正负可以反映企业前期经营状况的好坏；资产负债表中的未分配利润不是指本年的未分配利润，而是指企业自经营以来所累积的未分配利润。

（2）资产负债表对企业价值的反映

第一，我们在看资产负债表时，应重点关注净资产，而不是总资产，净资产在一定程度上能反映企业的价值。

第二，资产的质量影响企业的价值，如长期待摊费用、无形资产、递延税款等就属于垃圾资产。

第三，应收账款的多少既能反映企业的销售质量，又能反映企业价值实现的风险。"应收账款"账户与企业的销售收入相对应，有一笔应收账款，就对应一笔收入，自然也对应可实现的利润。相对而言，现金销售对企业是最有利的，因为它不存在坏账风险。企业的赊销往往都伴随着一定的坏账风险，一方面，赊销所占销售总额的比例越大，销售的质量越低；另一方面，赊销收现的时间越长，销售质量也越低。销售质量越低，意味着坏账发生的可能性越大，企业实现价值的风险也越大。

第四，相关比率能反映企业资产结构的优劣，如资产负债率、流动资产比率等。资本结构越好，企业实现价值的风险越小。

第五，实现企业价值重点体现在增加股东权益上。

第六，在股东不新投入资本的情况下，股东权益的增加体现在"盈余公积"与"未分配利润"的增加上。

3. 对利润表构成的简要分析

（1）对利润表的几点说明

第一，产生利润的来源包括主营业务收入、其他业务利润、投资收益、其他收益和营业外收入。观察企业利润构成的比例，可以看出企业的经营状况是否正常。正常情况下，净利润主要来源于主营业务收入。

第二，导致利润减少的因素包括营业成本、税金及附加、销售费用、管理费用、财务费用、研发费用、营业外支出和所得税。列出这几项内容，旨在告诉大家企业削减成本可以从哪些方面入手。"营业成本"的发生体现在采购与生产环节，"销售费用"的发生体现在销售环节，"管理费用"的发生体现在管理环节，"财务费用"的发生体现在筹资环节，"研发费用"的发生体现在研发环节，"营业外支出"属于例外损失。"税金及附加"与"所得税"支出是企业的法定义务，但可适当运用税收筹划降低税负。

第三，销售收入确认的标准包括以下四点：一是企业已将商品所有权上的主要风险和报酬转移给买方；二是企业既没有保留通常与所有权相联系的继续管理权，也没有对已售出的商品实施控制；三是与交易相关的经济利益能够流入企业；四是相关的收入和成本能够可靠计量。具体解释销售收入确认的标准，是为告诉大家，在确认收入时不能仅仅以是否签有销售合同或开具发票作为评判标准。

第四，资产负债表中"盈余公积"和"未分配利润"的增加取决于企业"可供分配的利润"，"可供分配的利润"主要取决于企业"净利润"。资产负债表与利润表的联结在于利润表中的"净利润"最终通过分配归并到了资产负债表的"盈余公积"和"未分配利润"中。当然，也有分配现金股利和配股的情况。

第五，要实现企业价值，真正做到"股东权益最大化"，最直接的手段就是增加企业的利润，不断开拓产生利润的来源，压减导致利润减少的因素。

（2）利润表对企业价值的反映

第一，净利润是企业价值增加最重要的体现。

第二，利润的构成能反映企业实现价值的能力，企业的主要利润应由主营业务利润构成。

第三，营业成本占营业收入的比例能体现企业产品在市场上的竞争力。

第四，销售费用与管理费用占营业收入的比例能体现企业经营管理效率的高低。

第五，财务费用与有息负债总额的比率能反映企业借贷成本的高低。

4. 对现金流量表构成的简要分析

（1）对现金流量表的几点说明

第一，在一定程度上，现金流量表是对资产负债表、利润表反映企业价值时过分注重净资产、净利润的校正。

第二，企业的价值实现不仅体现在利润的高低上，也体现在现金流上。

第三，现金流的水平能够反映企业实现价值能力的高低。

第四，经营活动、投资活动、筹资活动的现金净流量能反映企业经营状况的好坏。如果企业经营状况正常，经营活动产生的现金净流量应占整体现金净流量的主要部分；相反，如果投资活动产生的现金净流量占了较大的比重，那么表明企业主业处于萧条状态；若是筹资活动产生的现金净流量大，则说明企业可能处于扩张期，如发行新股、债券，或者生计困难，需要借钱度日。

（2）现金流量表对企业价值的反映

第一，现金之于企业犹如血液之于生命，企业要树立现金流量至上的观念。

第二，经营活动产生的现金净流量为正，是企业赖以维持正常运营的前提。

第三，净利润与经营活动产生的现金净流量是企业价值实现能力大小的两大衡量指标。

5. 从企业价值实现的角度谈财务报表的改进

（1）什么是好的财务报表

对于企业管理者而言，其所进行的管理都是基于价值的管理。其针对企业的相关预测、决策、控制等都应围绕企业价值实现的目标而进行。财务报表作为企业形象的数据化展示，在一定层面上，它是企业价值的量化反映。从信息传递的角度来看，一份好的财务报表所传递的信息与一份差的财务报表所传递的信息，会影响利益相关者的判断，基于不同的信息，他们甚至会对企业的价值高低做出截然不同的判断。

什么是好的财务报表呢？从上文的分析来看，好的财务报表所提供的数据信息应该能够恰当地反映企业的价值。具体而言，资产负债表中的"净资产"应反映企业的价值，利润表中的"本年利润"应反映企业本年的价值增量，现金流量表中企业的"现金流量净额"应主要来源于企业的经营活动。

（2）企业的价值实现与财务报表的改进

改进财务报表并非是要企业做假账或粉饰报表。从企业价值实现的角度来谈财务报表的改进，目的是要引导大家正确地认识会计利润与企业价值增量、净资产与企业价值之间的异同，树立起为追求企业价值增长而进行管理的理念。追求会计上的利润不应是企业的目的，稍有会计常识的人都知道，如果企业资产质量差，会计利润只是自欺欺人的烟幕弹。

在财务报表中，企业的价值实现体现在净资产的增减上，对净资产增减变化的考虑应注重两个方面：量和质。"量"体现于净利润的高低，"质"体现于资产的质量、现金流量的水平。会计利润能反映净资产增量的多少，如果企业的现金流量情况正常，来自经营活动的现金流量占总现金流量的比例恰当，应收账款变现情况良好，其他资产的质量较高，有这样的财务报表，企业就是优秀的。

如果现时企业的财务报表还不能达到这种水平，企业应努力寻找差距，找到财务报表水平差的原因。具体操作可体现为以下三点。

第一，比较不同时期的企业财务报表。做这项工作是为了观察企业的成长性，财务报表情况差是暂时的现象，还是长久有之。如果是暂时的现象，应进一步分析是市场疲软导致的，还是产品竞争能力下降导致的。如果是长久的现象，就要考虑产品是否已呈夕阳趋势。不一而足，这要根据具体情况分析。

第二，改进企业的财务报表，重点表现在改进企业的利润表，如何增加企业利润是关键。在资产负债表、利润表及现金流量表这三张会计主表中，利润表是桥梁，它处于中间位置，即"资产负债表——利润表——现金流量表"。利润表中的"净利润"直接影响资产负债表中股东权益的增减变化,"营业利润"也可以和现金流量表中"经营活动产生的现金流量净额"建立联系。只要企业的利润增加了,正常情况下,资产负债表中的"股东权益"也会增加,现金流量表中的现金流量净额也会增加。但三者协同变化有一个前提,就是销售的时候收现率要尽可能高一些。

第三,增加企业利润的两条途径:开源与节流。开源重在实现产品的差异化,用差异化凸显产品的独特卖点,进而提高产品的销售价格,同时做到销量不减甚至增加。节流重在削减产品的生产成本以及企业的销售费用与管理费用。财务报表的改进,绝不仅仅是会计人员的责任;恰恰相反,它是企业高级管理人员的责任。企业高级管理人员只有基于企业价值实现不断加强管理,改进技术,降低成本,才能有效地改进财务报表的质量。

02

第二章

立足财务报表的财务分析

　　财务分析是基于数据的分析，具体来说，是基于财务数据的分析。财务报表是企业关键财务数据体系化、逻辑化、时点（期）化的体现，立足于财务报表做财务分析，可以让财务分析具有较为扎实的数据基础。但我们也要清醒地认识到，财务报表牵涉各方面的利益，其未必是完全可信的。财务报表不可信，意味着财务分析的基础不牢固。所以，我们在做财务分析之前，先要带着审慎的眼光对数据的真实性、公允性做出评判。

一、财务报表究竟是做给谁看的

　　看看利润表、资产负债表的结构，你会发现，资产负债表末尾体现的是企业实际拥有多少资产，利润表的末尾体现的是企业当年赚了多少钱。财务报表应该写实，财务人员做账时不带立场、不存目的，这样做出的财务报表最后无论给谁看，看到的都是企业真实的财务状况、经营成果、现金流量。

　　然而，实务中，有些企业的财务报表会带有一定的利益取向。例如，给股东看的财务报表，会突出盈利能力；给银行看的财务报表，会美化负债率、现金流与偿债能力；给投资人看的财务报表，会让业绩增长更亮眼；给税务机关看的财务报表，会让纳税指标看起来更正常……

　　除了设置两套账或多套账应付不同的财务报表使用者，有些企业一套账也可反映出财务报表背后的经营乱象。我曾翻阅过一些小微企业的财务报表，结论是，数据基本是根据需要编造的，假得很明显。为什么会这样呢？这些企业大多没有专职会计，所以做假账时顾头不顾尾。这样的报表显然不能证实什么，但看看却并非毫无用处，因为钩稽关系混乱的数字能帮你证伪一些结论。

　　很多财务人员都没有认真思考过"财务报表到底是给谁看的"这个问题，在他们的意识里，按时做财务报表只是一项工作，最大的用途就是报税。

　　一位私企经营者曾表示，财务报表到底是做给谁看的，是财政部门要看，还是税务部门要看，反正这不是他想看到的，财务报表呈现的格式对他加强企业管理无太大用处。这位经营者的问题无异于指责财务与业务脱节，财务工作不能帮助业务管理。其实，要想满足他的需求并不难，突破财务报表的定式，另外出具管理口径的报表就行了。

这样一点转变，需要财务人员打开思路。对于财务人员而言，财务报表的编制要突破"记录"思维，转换为"诊断"思维。前一种思维财务人员提供的是简单劳动，后一种思维财务人员提供的是创造性劳动。

二、透过财务报表识别企业财务风险

阅读财务报表看似简单，实际上很多会计人并未真正领会。不懂得区分重点，又如何识别假象呢？会计科目那么多，我们如何做到有侧重的关注、有根据的怀疑，这是有学问、有技巧的。

1. 阅读财务报表的两个层面

阅读财务报表要像看书一样，先观其大略，后深究细节。具体可从以下两个层面去看。

第一个层面，看整体，通过企业的"财务金三角"（增长性、盈利性、流动性）判断经营的基本面。这里所说的增长性，是指主营业务收入的增长，盈利性是指企业层面的净利润大小以及产品层面的毛利率高低。流动性是指营运资产的周转率、现金流状况。

可以这样说，企业健康体现在"财务金三角"的平衡上。增长性反映了企业在市场上的竞争力，盈利性体现了企业存在的价值，流动性代表了企业的管理水平。

第二个层面，看具体，透过重点会计科目去判断企业潜在的风险。

2. 阅读财务报表需要重点关注的科目

阅读财务报表无须面面俱到，看几个关键数据就能了解一个企业的基本情况。例如，阅读利润表，重点看企业的盈利能力（净利润）与产品的盈利能力（销售毛利率）；阅读现金流量表，重点看企业赚的钱能否收回来（经营活动产生的现金流量净额）；阅读资产负债表，重点看企业的偿债能力，有无坏账风险、债务预期风险（资产负债率、流动比率、速动比率）。

如果财务报表没有水分，上述方法是没有问题的。如果财务报表做假了，就要有所鉴别了。如何判断财务报表有无水分？建议重点关注以下科目，具体如表 2-1 所示。

表 2-1　阅读财务报表需要重点关注的科目

序号	科目	说明
资产负债表		
1	应收账款	一方面，如果收入与利润有水分，应收账款就是藏污纳垢之地，因此要注意识别虚增的应收账款；另一方面，如果超长期的应收账款金额不菲，有可能说明企业客户信用管理不过关，或者产品交付有瑕疵
2	存货	一方面要注意识别未结转的成本形成的虚假库存；另一方面要关注存货减值，包括原材料减值与产成品减值
3	其他应收款	其他应收款有"资产垃圾筐"之称，要注意识别挂账的费用。另外，如果大股东从企业借款较多，说明企业经营独立性较差，公私不分，没有建立严格的内控制度
4	在建工程	在建工程里很容易塞进去应予以费用化的支出。将本该费用化的支出资本化，一方面虚增了当期利润，另一方面虚增了资产。在建工程"转固"后虚增的资产会带入固定资产之中
5	无形资产	除土地使用权外，无形资产中可能潜藏着一些伪资产，其中，特别要提防别有用心的研发费用资本化。研发费用资本化会减少当期费用，虚增资产，无形资产（不含土地使用权）比重高的企业有可能存在粉饰财务报表的情况
6	其他资产	正常经营的企业，其他资产几乎不会出现。但凡有"其他"，必不寻常，如被法院冻结的银行存款

序号	科目	说明
		利润表
1	销售费用	销售费用占比畸高，往往说明企业销售渠道不畅，客户认可度不高，市场还没有打开，属于硬推出货
2	管理费用	管理费用占比高低，可以看出一个企业的内部运营效率。管理费用偏高的企业往往内部运营效率低，形式主义盛行
3	营业外支出	除了捐赠支出，企业的其他营业外支出几乎都可以和管理不善挂上钩，营业外支出偏高，说明企业管理出了问题
4	资产减值	资产周转不畅或管理不善可能导致资产减值。如果资产减值额度较大，同样说明企业管理出了问题
		现金流量表
1	销售商品、提供劳务收到的现金	见过了太多虚增收入和利润的财务报表后，大家会觉得现金流量表更可信，因为资金流动的轨迹是真实的。然而，现金流量表也可能存在问题，例如，"经营活动产生的现金流量净额"中可能包含企业提前收取的预付金（预付金是可以退回的）
2	吸收投资收到的现金、取得借款收到的现金	通过这两个科目可以了解企业主要的融资渠道，从而判断出金融机构与投资机构对企业的认可度

对重点会计科目所列示的数据的判断可以作为阅读财务报表第一个层面整体结论的验证与补充。阅读财务报表

时，把两个层面结合起来，就很容易挖掘出有价值的财务信息。我们在做财务分析时也可遵循这一思路。

三、粉饰财务报表与盈余管理

1.粉饰财务报表

从感情色彩上看，粉饰是个贬义词，成语"粉饰太平"就带有强烈的讽刺意味。"粉饰"这个词在会计领域最常见的搭配是"粉饰财务报表"，粉饰财务报表几乎与会计做假账是同义的。

"粉饰"有遮掩表面之意，粉饰财务报表是为了遮掩什么呢？应该是财务真相。如果真实的财务信息披露后可能导致对企业经营主导者不利的后果，他们就可能责成财务人员对财务报表进行粉饰，目的是给自身攫取更多的利益，如稳定股价或拉升股价，获得贷款和投资，等等。

实务中，有些企业为了扭亏为盈，会采取一些举措。下面举个例子来说明：

AAA公司以前年度的利润在2 000万~5 000万元，2020年8月—10月因种种不便披露的原因导致近5 000万元的损失，以致2020年1月—11月利润表上反映的亏损是4 000万元。如果按照正常的经营情况，12月AAA公司可实现利润2 000万元，由此公司2020年将亏损2 000万元。显然，该公司2020年的经营状况很不好。为此，该公司财务负责人想出了以下办法：

（1）推迟2020年12月的广告投放；

（2）减半计提2020年12月办公楼的折旧费，并停止当月的费用摊销；

（3）提前与客户签订本应于2021年签订的售货合同，并请客户于2020年12月提走货物。

这个案例中的三个办法是否可行呢？第一个办法在程序上是对的，但会导致第二年销售收入与利润减少；第二个办法违反了会计制度的规定；第三个办法形式上虽然是合规的，于当年实现了销售收入，确认了利润，但实质却偏离了财务报表的真实面貌，其披露的盈利信息的确与其正常的盈利状况有出入。

2. 盈余管理

我最初接触"盈余管理"这个词时就觉得似曾相识，其不就是讲怎样粉饰财务报表吗，只是给"粉饰"行为设置了诸多前置条件。其实，盈余就是利润，企业的利润是经营结果的自然呈现，又何须人为管理呢？这管理能管什么，又该管什么呢？

实务中，有些上市公司为获得更多利益，会进行盈余管理。所谓的"630项目""1231项目"，就是上市公司操纵盈余管理的项目。

"630"和"1231"是指年中（6月30日）与年末（12月31日）两个时间节点。上市公司在这两个时间节点需要披露中报与年报。"630项目"和"1231项目"实际上就是设法帮上市公司把财务报表拾掇得好看些。既然把盈余管理当作了项目管理，就要有管理内容，管理内容取决于上市公司需要什么。这并不复杂，所需无非是收入、利润与净现金流三项，各式搭配而已。

不管采用什么手段，如果放宽会计期限，做出的财务报表大概率是趋同的。盈余管理不求永远，其要的是在某段时间内让会计数据看起来正常，让财务报表的使用者顺着操作者的思路去思考。

总体来说，盈余管理降低了会计信息的质量，它不仅损害了会计信息使用者的利益，同时扰乱了资本市场的有效运行。

四、"巨额冲销"，逃不过一个"利"字

"巨额冲销"又叫"洗大澡"，洗澡的本意是用水把身上的污垢洗去。洗大澡，多了一个"大"字，说明身上要清洗的污垢很多，把这层意思在会计上做个引申，就是要把企业账面上的资产虚高或费用低估（相当于企业的"污垢"）一次性清理干净。

企业做大亏损，给人的第一感觉是它想少交企业所得税。"巨额冲销"用意不在此，因为企业本就是亏损的，做大亏损不涉及少交企业所得税。"巨额冲销"冲销什么，当然是成本费用。成本费用冲销完了，脓包一次性挤干净，企业账面自然就清爽了。既然要亏，干脆亏个够。企业为什么要这样做呢？为什么要把利润表做得"惨不忍

睹"呢？所有的一切，均逃不过一个"利"字。

"巨额冲销"即"洗大澡"的目的不在于"洗"，而在于洗后的"装"，要装给企业的利益相关者看。为了避免戴上 ST（特别处理）的帽子，上市公司会想方设法避免连续两年亏损。为了在第二年不再亏损，有的上市公司会提前一年把成本费用做足，甚至留一部分收入到下年确认，一切只是为了在下一年能"轻装上阵"，实现"盈利"（一般是微利）。

更为恶劣的是，有的企业会故意把未来期间的费用挪到本年进行确认，或者虚增本年费用，下年冲销。事实上，"重组费用"就是"巨额冲销"的一个常用项目。不管怎样，有一点是肯定的，"巨额冲销"很容易识别，企业利润过山车般的变化明眼人都能看得出来。"巨额冲销"的手法并不高明，也经不起审视，因为它违背了权责发生制的核算原则。

发轫于上市公司的"巨额冲销"后来被进一步滥用了，它成了有些企业平滑业绩的一种手段。例如，企业更换主要领导时，新任领导会通过"巨额冲销"撇清责任，更有甚者会预留未来亏损空间。

"巨额冲销"的本质是做假账，对企业而言，它会扭曲企业财务信息的真实面目，可能导致错误决策。对外部利益相关者而言，可能因为误判，导致投资损失。更严重的是，"巨额冲销"会对资本市场的公信力形成破坏，丑化会计服务与审计服务的形象。

五、三招识破上市公司年报伪装

如果你炒股，买卖股票前喜欢研究上市公司的年报，那么可以通过以下三招识别上市公司年报的伪装。

第一招，对比收入增幅与营业利润增幅

如果上市公司收入增幅远大于营业利润增幅，你就要多留个心眼。这样的年报通常有猫腻，细看你会发现利润表还有个数据特征：销售毛利率在下降。

按照常理，收入增幅会与营业利润增幅同步。二者落差大，理论上有两种可能：第一，该公司产品在做降价促销；第二，该公司低毛利产品的销售权重变大了。第一种

可能不大会出现，毕竟赔本赚吆喝的事鲜有人为；第二种可能就不好说了，有些上市公司存在游离主业之外做低毛利业务（如做贸易）的情况，目的自然是为了撑大收入规模。

第二招，对比营业利润增幅与经营活动净现金流量增幅

有些上市公司光赚"利润"不赚钱，具体表现在利润表上收入增长、利润增长形势喜人，现金流量表上哀鸿一片。这样的上市公司一般还喜欢增发圈钱。

有利润却没钱，这是"纸面利润"。为什么会出现这种情况呢？"纸面利润"潜身何处呢？它们挤到了应收账款中。如果上市公司应收账款规模年年膨胀，且坏账计提逐年增加，那么我们完全有理由怀疑这家上市公司在虚增收入利润，目的是配合增发圈钱。

第三招，看净利润的来源

净利润的主要来源应该是经营活动，可有的上市公司的经营活动不盈利或盈利有限，公司又需要"做"出利润，这时利润的主要来源就只能另寻他途了。"他途"包括投资收益、其他收益、固定资产处置损益、营业外收入等。

净利润的主要来源如果不是经营活动，那么想想都不正常，上市公司十有八九是在打肿脸充胖子，等到脸"消肿"那天，就该暴露本来面目了。

关于财务数据的质量，华为公司用一句话做了凝练的概括：有利润的收入，有现金流的利润。这句话也非常适用于上市公司的年报。

六、用挑剔的眼光品评年报

在会计从业者中，女性的占比较大。为了让本书富有生活气息和可读性，我想与女性会计同人们聊一聊，你们是如何选择另一半的呢？你们的另一半是如何打动你们芳心的呢？爱情是婚姻的基础，婚姻比爱情有更丰富的内涵。假定爱情无恙，你们会着重关注另一半的哪些方面呢？

有些女生在找男朋友时会较为看重五个方面：第一，收入情况（有没有本事）；第二，每年能攒多少钱（顾不顾家）；第三，有没有前途（职位能不能晋升）；第四，家底是否殷实（是否有房有车）；第五，有无贷款（最好无房贷）。

品评男朋友如此，品评企业年报也是如此。透过年报评价一个企业的优劣，也可依照上述五个方面进行，如图2-1 所示。

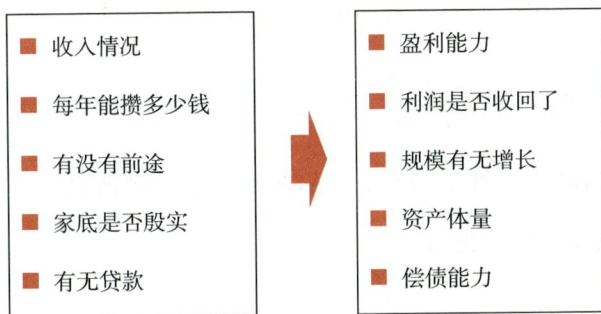

图 2-1　品评企业年报的五个方面

企业的盈利能力就像个人的收入，利润好比个人攒下的钱，规模增长犹如个人的发展前途，资产体量如同个人家底，偿债能力如同个人有无还房贷的压力。如果企业盈利能力好，利润有现金流支撑，规模不断扩张，资产体量不断增加，而且没有债务风险，那么这样的企业一定是好企业。

1. 盈利能力

盈利能力包括企业层面的盈利能力和产品层面的盈利能力。企业层面的盈利能力，主要是考虑利润的主要来源是什么，成本费用率如何。产品层面的盈利能力，主要考虑产品的市场竞争能力，可以参照销售毛利率，透过这一指标能看出产品有无附加值，有没有降价空间。

2. 利润回现

利润能回现才叫赚钱。对企业而言，赚钱就是要实现"有现金流的利润"。

3. 规模增长

规模增长可分三个维度：收入规模增长、利润规模增长、资产规模增长。这三个维度都好，反映企业的发展态势好。

4. 资产体量

资产体量反映的是企业的抗风险能力。资产体量大，一般意味着企业实力雄厚，抗风险能力强。但计算资产总量时要剔除资产中的水分和垃圾资产。

5. 偿债能力

从融资角度看，股权融资的成本远高于债权融资的成本，理论上能通过债权融资解决的资金问题，就不要考虑股权融资。可现实情况是，受制于质押、抵押与担保，企业不见得有债权融资的能力。另外，债权融资是有限度的，不能超出企业的偿债能力。可以这样说，一方面，企业要运用好债务杠杆；另一方面，企业要防范债务风险。

凭借以上五个要素，我们就能对一个企业做出基本的价值判断，而无须面面俱到。

七、从财务报表的角度解析企业是如何做垮的

列夫·托尔斯泰在他的小说《安娜·卡列尼娜》开头写道，"幸福的家庭有大体相同的幸福，而不幸的家庭却有各自不同的不幸。"这句话也可以套用于企业，"成功的企业都有大体相同的成功，而失败的企业却有各自不同的失败。"下面将从财务报表的角度解析企业是如何做垮的。

1. 没有盈利模式

审视利润表中的营业收入一项，如果这个数字显著偏低，企业又非投资公司，那么说明该企业没有合理的盈利模式，甚至无产品可卖。长期如此的企业，要么是僵尸企业，要么是难以维持经营的待处置企业。

现在有不少创业公司，仅仅只是有了一个点子，在这个点子能不能形成盈利模式，能否经受市场检验都不确定的情况下，就直接把点子拿到资本市场忽悠风投。融入大量资金后，因为创始人还没有准备好，管理也没有跟上来，盈利模式仍需要探讨，一切都靠"烧钱"试错找方向。最后，钱烧完了，可企业却没能做起来。

2. 产品没有竞争力

利润表反映企业的盈利能力，销售毛利率则反映产品的盈利能力。销售毛利率可以从利润表里取数计算，比率高，产品市场竞争力就高，反之则低。在很大程度上，产品的竞争力就代表了企业的竞争力。

3. 成本居高不下

成本费用过高，企业就会陷入亏损。持续亏损，必然导致入不敷出，后果是企业现金流枯竭。

4. 盲目扩张

判断企业是否盲目扩张，一方面，看资产负债表中的长期股权投资，长期股权投资膨胀快，而投资回报又显著偏低时，就应思考投资的必要性与恰当性；另一方面，看现金流量表中的投资活动支付的现金，如果投资活动现金净流量长期为负，利润表中的投资收益没有正数出现，企业很可能有资金链断裂之虞。

5. 资产注水

有的企业为了粉饰业绩，会打肿脸充胖子，虚增的业绩会在利润表中体现，留下的潜亏则隐藏在资产负债表中。潜亏是伪装了的亏损，多依附于资产科目当中。盘点下来，应收账款、其他应收款、存货、长期股权投资、在建工程、固定资产、无形资产都可能潜伏着亏损。

基于业绩考核、个人升迁、企业筹资等诸多理由，一些企业管理者不在经营管理上用功，而是试图钻制度的空子，指使财务人员做假账，制造虚盈实亏的假象，以达到种种目的。制造潜亏表面上是企业管理者为维持企业形象采取的非常规手段，其实质是个别人包装业绩、谋取私利的腐败行为。因高估利润，潜亏不仅加重了企业的税负，也因传递虚假的财务信息，极易误导企业经营决策。

6. 债台高筑

导致企业破产的直接原因是什么？不是亏损，不是资不抵债，而是不能偿还到期债务。这里说的债务是个大概念，包括贷款、货款、员工工资……通过资产负债表，我们可以算出资产负债率、流动比率、速动比率，它们的警戒值分别为 70%、2、1。这些比率都可对企业的偿债能力进行预警。

八、有利润的收入，有现金流的利润

前面曾讲过，对于财务数据的质量，华为公司用一句话做了凝练的概括：有利润的收入，有现金流的利润。没有利润的收入无疑是赔本赚吆喝，没有现金流的利润是打肿脸充胖子，都不会持久。华为公司的这句话等于把收入、利润、现金流视作一个三角形，追求数据的均衡。

任正非曾在EMT（执行管理团队）办公例会讲话时指出："考核要关注销售收入、利润和现金流，三足鼎立，支撑起企业的生存发展。单纯地销售额增长是不顾一切的疯狂，单纯地追求利润会透支未来，不考核现金流将导致只有账面利润。光有名义利润是假的，没现金流就如同没米下锅，几天等不到米运来人就已经饿死了。"

观察华为公司的年报，不难发现一个数据特征：华为公司年报中经营活动的现金净流量始终高于营业利润。这样的数据特征还原为业务语言就是，华为公司每一分钱的利润都有现金流入做支撑。

"有利润的收入，有现金流的利润"，无疑是财务数据质量的硬核。硬核要"硬"起来，需要通过管理牵引来实现。

华为公司的年报数据为什么质量高？从华为公司对地区部与代表处的绩效考核及KPI（关键绩效指标）设置中或许能找到答案。作为常规性考核指标——收入、利润、现金流，在权重设置上，现金流的考核权重甚至高于利润的考核权重。这样的考核权重设置无疑是一种牵引，从业务源头确保现金流的健康。

九、隐藏在现金流量表里的秘密

在会计三大主表（资产负债表、利润表、现金流量表）中，资产负债表反映时间节点数，利润表和现金流量表反映期间动态数。利润表和现金流量表的编制原则分别为权责发生制和收付实现制。

在没有特殊调整事项的情况下，会计三大主表的数据钩稽关系为：

（1）利润表中的未分配利润数＝资产负债表中未分配利润的期末余额－年初余额

（2）现金流量表中的现金及现金等价物净增加额＝资产负债表中货币资金的期末余额－年初余额

检验财务报表平不平，要看这两个钩稽关系是否成立。如果有一张完全符合公认会计准则的资产负债表，那么无须借助其他资料，基本可以根据它模拟出现金流量表。

1.现金流量表的项目解读

（1）现金等价物

在编制现金流量表时，我们要注意一个概念，即"现金及现金等价物"。"现金"很好理解，它泛指企业持有的货币与银行存款。何谓"现金等价物"？"现金等价物"是指符合以下两个条件的流动性很强的短期投资资产：

★ 很容易兑换成固定数量的现金；

★ 很快就会到期，且市价受利率变动影响不大，一般三个月内到期的投资符合这一标准。

常见的现金等价物包括投资日起三个月到期或清偿之国库券、商业本票、货币市场基金、可转让定期存单等。

（2）现金流量表中容易出错的项目

代扣代缴个税。企业在给员工代扣个税时，会计分录为借记"应付职工薪酬"，贷记"银行存款""应交税费——个税"；实际缴纳个税时，现金流量表中需要填列为"支付给职工以及为职工支付的现金"，而不是"支付的各项税费"。原因在于，个税并非企业自身的税费，它是工资的一部分。

"收到的其他与经营活动有关的现金"与"支付的其他与经营活动有关的现金"两项的填写有个"梗"需要注意。如果企业资金管理欠规范，员工备用金借款、还款频繁，机械地按资金流向编制现金流量表，会同时撑大两项的总计金额，这可能导致记录与真实脱节。因此，建议将借款、还款的差额仅填列于一项中。

2. 无处安插的资金活动

现金流量表把现金收支分为了三类：经营活动、投资活动、筹资活动。事实上，这三类活动不足以涵盖企业全部资金流动事项，企业有的资金流动既不属于经营活动，也不属于投资活动与筹资活动。

例如，企业给某幼儿园捐款。对于这样的例外事项，会计做账时无处安插，只能将其归入经营活动中，但其并非经营活动，硬挤入其中，会对经营活动产生误导。

或许现金流量表做一下改进，增加一类"其他活动"就可解决这一做账难题了。要是还能把"其他活动"的明细项设置得再清晰一些，效果就更好了，届时透过现金流量表，便可一眼洞穿企业资金流动的真相与乱象。

3. 现金流量表的三类活动分析

现金流量表按经营活动、投资活动、筹资活动的重要性顺序排列，每类活动都会分别列示现金（及现金等价物）流入额、流出额、净流量（增加 / 减少）额，具体如图 2-2 所示。

2025 年 1 月北京 第 23 次印刷

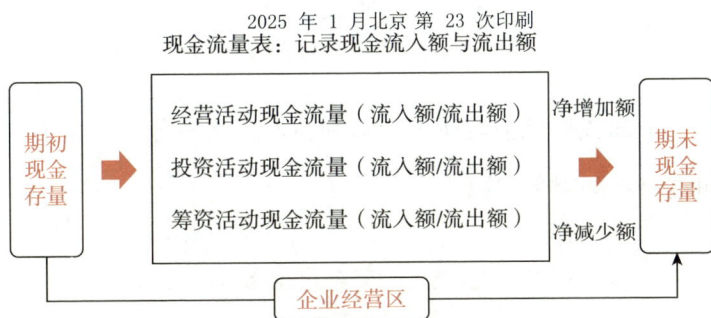

图 2-2　现金流量表的三类活动

这三类活动现金净流量的大小有三种可能：正、负、零。考虑现金净流量为零这种情况较特殊，我们暂且不予考虑。这样下来，现金净流量就剩下了"正"与"负"两种可能了。

三类活动（经营活动、投资活动、筹资活动），两种结果（现金净流量为正或负），这个数组的排列组合可拼装出八种可能的情形，具体如图 2-3 所示。

	经营活动	投资活动	筹资活动	
①	正	正	正	特指现金净流量
②	正	正	负	
③	正	负	正	
④	正	负	负	三类活动
⑤	负	正	正	两种结果
⑥	负	正	负	八种情形
⑦	负	负	正	
⑧	负	负	负	

图 2-3　现金流量表三类活动的八种情形

下面我们就上表所列的八种情形，逐一分析报表主体可能存在的财务问题。

情形 1：经营活动现金净流量为正，说明企业经营能赚钱。投资活动现金净流量为正，说明企业正在收回投资或投资产生了回报（如分红、利息等）。筹资活动现金净流量为正，说明企业在对外筹款（借款或寻求投资）。针对这种情形，我们需要重点关注筹资的目的。

如果企业处于发展期，需要进一步发展壮大，而经营活动、投资活动产生的现金净流量不足以支撑企业扩张，因而向外筹资，这是正常的。如果企业没有扩张计划，其筹资的目的就值得怀疑了。

情形 2：经营活动赚钱，投资活动有回报，企业用这两项活动的现金净流量偿还以前的借款，这是企业健康成熟的表现。值得考虑的是，该企业是否还有发展潜力，是否有新的投资机会。

情形 3：经营活动赚钱，同时不断筹资对外投资，姑且认为该企业经营状态良好且富有发展潜力。但要考虑企业投资决策是否稳健，投资项目是否有前景。

情形 4：企业经营状况比较好，用赚来的钱一边还以前的借款，同时企业还在不断做投资。这是非常理想的状态，高盈利、高发展的企业（如高科技企业）才具有这样的数据特征。

情形 5：企业的经营活动欠佳，为了弥补营运资金短缺，企业不仅在收缩投资，而且还在不断筹资。一般而言，这类企业债务风险极高。如果该企业处于创业发展期，借款用于经营，尚可理解。如果企业处于衰退期，只能说明企业要靠收回投资和举债维持生计。

情形 6：企业经营状况不好，且无投资机会。不过能看出这类企业很有责任心，一边收回投资，一边偿还债务。

情形 7：企业经营状况很不好，负债度日，但企业心存不甘，举债也要投资扩张。如果是初创企业，这种状态可以理解；如果是成熟型企业，要提防它的债务风险。

情形 8：这类企业经营状况不好，但企业有较多的资金存量，用存量资金同时做投资和偿还债务。如果这类企业的投资不能产生回报，那么极易陷入财务危机。

如果一家企业的经营活动、投资活动、筹资活动的现金净流量均为正，你的第一感觉是什么？不合常规。

　　企业的经营活动能赚钱，投资活动现金流量为正，说明企业在收回投资或收到了投资回报。如果企业是在收回投资，这是极不正常的，原因在于此时筹资显得没有目的性。

　　如果确有企业如此，它和现实中哪类企业最像呢？我觉得和骗钱跑路的投资公司很像。

　　准备"跑路"的投资公司，会把现金流量表各项活动的现金净流量做成正数，骗取投资人信任。经营活动、投资活动的数字再好看也只是表象，筹资活动的数字才是追寻的目的，这样的企业圈到钱后，负责人很可能会卷钱跑路。

03

第三章
数据分析与业务分析

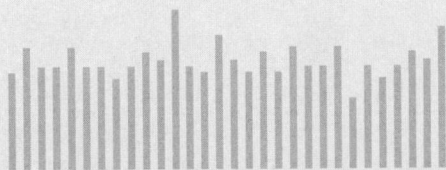

　　财务分析有两个层次：一是数据分析，二是业务分析。数据分析是业务分析的基础。在进行数据分析前，还原财务报表的真实面目，是立足财务报表做财务分析的第一步。数据分析的目的是识别异动的财务数据，找出异动数据后，再结合业务定位原因，这就是业务分析需要做的事情了。数据分析与业务分析的终极目标是一致的，都是要定位出财务数据的"病灶"。

一、财务分析的两个层次

　　财务分析涉及数据分析与业务分析，二者一体两面，但先后有序，数据分析在前，业务分析在后。

1. 如何进行数据分析

　　要做好数据分析，首先需要财务人员有扎实的会计基础，对财务指标的含义熟稔于心；其次要求财务人员有足够的数据敏感性，能快速闪现出数据异常可能的驱动及后果。

　　什么是数据敏感性呢？我认为具备数据敏感性的财务人员至少应拥有以下两种能力。

　　第一，能联想到触发数据变动的原因。例如，看到坏账准备这个数据时，财务人员应联想到以下几个方面：（1）企业超长期应收账款收不回来；（2）企业的信用政策可能有问题，客户信用管理可能不严谨；（3）企业的产品可能有质量问题，客户拒绝付款……

　　第二，看到一个数据会立即联想到其关联数据。例如，看到坏账，财务人员应联想到以下一系列"病变"：利润减少——净资产减少——资产负债率提高——银行不贷款——资金链断裂——不能偿还到期债务——债权人可能与企业对簿公堂等。

　　财务人员做数据分析的过程，实际就是触发数据敏感并解析敏感源的过程。

　　对财务数据有足够的敏感性，这是财务人员应该具备的职业素养。培养数据敏感性，不能靠死记硬背，记是记不住的，即便现在记住了，很快又会忘记。要想对数据有敏感性，最重要的是了解数据背后的故事，了解业务运行的规则。只有把数据背后的因果关系搞清楚了，数据才能变得生动。数据生动了，就有了故事性，我们自然会对数据感到敏感。

2. 如何进行业务分析

业务分析是基于数据分析的成果进行的。业务分析分两步：

第一步，财务人员结合业务定位导致数据异常的可能原因；

第二步，财务人员与业务人员一同，逐一排查，找出"可能原因"中的"真凶"。

举个例子：

> 2021年第四季度A公司手机销售收入下滑了40%，板子该打谁身上呢？也许你的第一感觉和我一样，销售人员。这样的答案是感性的，也可能是肤浅的，因为导致销售收入下降的原因有很多（见图3-1），销售人员工作不力只是触发销售收入下降的其中一种可能。

图 3-1　销售收入下降的原因

做业务分析，就是要深入数据背后，一层一层地挖掘，用排他法把真正的原因找出来。回到上例，手机销售收入下降也可能是研发不力导致的，如果把板子打在销售人员身上，岂不冤枉销售人员了吗？

再举一个例子：

2020 年，通信设备 A 公司与运营商 B 公司签订了一份 5G 合同，A 公司为 B 公司在某区域安装 1 000 个 5G 基站，合同额 1 亿元（不含增值税）。截至 2020 年年末，A 公司已安装完 800 个基站，并通过了 B 公司的验收，A 公司在 2020 年按完工进度法确认了 80% 的收入。2021 年，A 公司安装完剩下的 200 个基站。这是否意味着，A 公司 2021 年的业绩不如 2020 年呢？

如果只看会计账面数据，你会得出肯定的结论。但这样的结论并不公允，原因在于 A 公司确认收入时使用的完工进度法不尽客观。

如果你熟悉业务，你可能知道安装基站是有难易之别的，无人区、农村地区、工（商）业区、居民区安装难度依次增高。大多数人干活都是先易后难，容易的活 2020 年 A 公司都干完了，留在 2021 年的都是"硬骨头"，安装这 200 个基站的工作量甚至高于 2020 年安装的 800 个基站的工作量。

上例中，财务人员如果不明白这些业务特点，光从财务数据方面评判，分析结论可能就是错的。

之所以一再强调业务分析的重要性，原因就在于，财务分析如果不结合业务进行，那么分析结论可能会失真，甚至误导他人。

二、财务报表有水分，如何做财务分析

"财务分析是以会计核算和报表资料及其他

相关资料为依据，采用一系列专门的分析技术和方法，对企业等经济组织过去和现在有关筹资活动、投资活动、经营活动、分配活动的盈利能力、营运能力、偿债能力和增长能力状况等进行分析与评价的经济管理活动。"

这是通过网络查询到的关于"财务分析"的定义。通过这个定义，我们可以确认一点，财务分析要依托会计核算和财务报表。特意说到这一点，是因为经常有粉丝问我，会计核算不规范、财务两套账时财务分析怎么做？

财务数据失真，能抛开不靠谱的财务报表做财务分析吗？当然不能，因为分析偏离财务报表后，就不能称其为财务分析了。退而求其次，能将就着用不靠谱的财务报表做财务分析吗？也不能。财务报表不靠谱，据此做出的财务分析只能是样子货。一方面，财务分析结论不易量化，只能泛泛地讲道理；另一方面，分析的结论不可能准确。

当财务报表不靠谱时，大家可以按照以下几步做财务分析。

第一步，还原财务报表的真实面目。

企业应先对不靠谱的财务报表进行修正，还原数据的真实面貌，再针对修正后的财务报表进行数据分析。首先要做的是两账合一，将没有入账的收入、支出登记入账；其次将未入账的费用入账；最后把应交未交的税费计提出来。

第二步，切分数据维度。

财务数据的维度是什么？维度原本是数学术语，代表独立参数的数目。若把财务数据视作整体，维度则是对整体进行分割的依据。例如，收入的划分，有子公司维度、地区部维度、产品线维度、客户群维度。可见，维度并不是独立的指标，而是财务数据颗粒度的细化。同一数据维度越多，核算成本越高，归集的难度越大。

第三步，确定参照系，统一数据口径。

财务分析最常用的方法是比较分析法。它需要通过财务数据比较发现问题，要做比较先要确定参照系。参照系可以是预算数，可以是上年数，也可以是行业平均数。分析数据不易取得，有的是因为没有积累，有的是因为核算颗粒度粗放，有的是因为核算维度未涉及，有的是因为组织架构发生了变动，还可能是因为财务人员对市场、对业务的理解不透彻。分析量化不仅是财务核算精准的体现，也是财务人员深入理解业务的体现。

两组拟做比较的数据除了要做到真实、公允，比较前还应把数据口径调整一致。这就是我们常说的"数据要有可比性"。只有把待比较的数据弄清爽了，比较得出的结论才会有价值。

一句话，财务分析要依托财务报表，要基于真实的财务数据。

三、对数据的敏感源于对业务的理解

前面提到了财务人员具有足够的数据敏感性才有可能做好财务分析，接下来具体讲一下财务人员如何练就数据敏感性。

做财务工作就要不断和数据打交道，数字本身是枯燥的，如果你没有把数据赋予拟人化的内涵，相信你不会爱上财务工作。数据是财务工作的成果与基石，数据也应是财务工作的尊严。细细品味这句话，至少有三层含义：首先，不做假账，生成的每一个数字都能经受检验，让自己有底气；其次，把数据装进脑子里，随时能记起，张口能说出，这是让人肃然起敬的职业素养；最后，把财务数据当成企业的秘密，未公开的不乱说，不该说的绝不说，注意维护自己的职业道德。

1. 让每个数据都能经受住检验

如果经过会计人测算的数据总是偏离业务实际，那么会计工作是不会得到企业上下认同的。

现实中，大家总会对那些对待数据一丝不苟、锱铢必较的会计人持有一分尊重与敬畏。让每一个财务数据都能经受住检验，体现的不仅是认真与敬业，也体现了会计人的职业操守。

面对审计、税务稽查、项目验收，会计人如能坦然应对，这是一种自信。各类汇报、总结，数据能掷地有声，这是尊严。

2. 对数据张口就来

有位学员曾问我，天生对数字敏感对会计工作的帮助大吗？这个问题太有代表性了，我思索再三后答道，有些人天生就善于记忆车牌号、电话号码，这或许是种天分，但对做好会计工作而言，这样的天分不是太大的加分项。只有喜欢会计工作，愿意为之付出的会计人才更容易养成对数据的敏感。敏感基于用心，投入了，付出了，对数据的敏感自然会在会计工作中逐步锻炼出来。

数字本身是枯燥的，硬背下来记忆不会持久。面对数字，大多数会计人与常人无异，并没有足够的敏感性。在很多人的印象中，会计人总能够记住一长串的财务数据。这不是会计人记性有多好，而是他们清楚数字背后的业务原因，能结合业务进行联想记忆。单单记住数字是困难的，但记住数字背后的业务因果则相对容易。

会计人对数字敏感更多是基于对业务的理解，数字敏感的实质就是业务敏感。对业务敏感需要会计人跳出财务看业务，将视角前移。这是做好会计工作的关键，也是对会计人上进的要求。

3. 需要对哪些数据敏感

对数据张口就来，这个要辩证地看。数据那么多，谁能全记得住呢？对数据敏感并非要面面俱到，建议财务人员重点关注以下几组数据：

（1）KPI考核数据（至少包括收入、利润），这些数据是企业经营的成绩单，始终要做到心中有数；

（2）企业的资金数额，资金如同企业的血液，要时刻盯住；

（3）存货、往来款的增减变动，这是企业日常管理的重点；

（4）期间费用的增减变动，问题会在此中露出端倪；

（5）每月的纳税额，税收筹划要适度；

（6）总经理重点关注的数据。

四、把数据当成企业的秘密

财务人员绝不能泄露企业的财务信息。把财务数据当成企业的秘密，这是企业对财务人员的基本要求。

华为公司的财务人员每年都要签署财经岗位行为承诺书，其中对财务人员工作信息管理的要求有以下两点：

（1）严格遵守企业的信息保密管理规定，不做违规的事，发现他人的违规行为后要及时予以制止并上报；

（2）不传播小道消息，未获得授权不擅自披露消息、未经授权不与任何人谈论企业的财务信息。

五、量化影响是财务分析的关键

在线收看

不量化是无法做到科学管理的，财务分析的关键是要量化影响。例如，企业2020年第一季度营业利润下降了40%，我们在做财务分析时，一句"因行业不景气与成本上升导致企业利润大幅下降"是不够的，深入的财务分析要精准地推算出收入因行业不景气下降了多少，进而导致营业利润下降了多少，以及因成本上升导致营业利润下降了多少。再具体一些，就要量化到每样产品的收入下降了多少，敏感性成本上升了多少。量化的颗粒度越细，分析结论的价值就越高，决策层越能依据分析结论精准施策。

不可否认，量化影响并不容易。受制于核算维度、历史数据和统计成本，量化可能会流于"大数有，小数无"的境地，甚至有的影响无从量化。

此外，量化存在一个误区，那就是就数字论数字。举个例子，"成本费用率上升了15%，是因为管理费用上升了25%造成的。"这样的句子你在财务分析报告中看到过吗？看到后你有什么感觉呢？你真的明白成本费用率上升的原因了吗？"就数字论数字"不是真正的量化，它是数字游戏，是数据的循环论证。

"就数字论数字"究其根本是财务人员没能深入了解业务，没有能力挖掘出数据背后的业务原因，遑论量化业务的影响了。要根治"就数字论数字"，就需要财务人员融入业务，与业务人员一起合作，从业务角度量化影响。

做财务分析时，如果感到量化影响难，那么建议从以下两方面进行思考。

第一，思考影响有没有必要量化？有的影响只需用"是"与"否"评价，不必非要算出影响数。例如，折旧费与人工成本受行业不景气的影响有多大，就不太好量化。

第二，思考你的理解是否正确，这个影响真没办法量化吗？未必，问题在于你愿不愿意去找方法。量化财务数据影响数，技巧在于你用什么维度拆解影响数。

数字是财务的尊严，量化才有数字。

04

第四章
财务分析的方法

　　既然是分析，就有分析的方法，财务分析也不例外。我们做财务分析时，需要借助一定的方法来达到分析的目的。与目的相比，方法只是手段，只要能够实现目的，方法越简单越好。从这个角度讲，不存在最优的财务分析方法，只有最合适的财务分析方法。财务分析的方法有很多，本书不做一一介绍，只就实际工作中经常用到的四种分析方法做重点讲解。这四种财务分析方法分别是比较分析法、比率分析法、因素分析法、趋势分析法。

一、比较分析法

　　比较分析法是财务分析的基本方法之一。它是通过对某项财务指标与性质相同的指标评价标准进行对比，揭示企业财务状况、经营情况和现金流量情况的一种分析方法。

　　没有比较就没有鉴别，财务数据经比较后更便于定位问题，进而剖析问题，解决问题。和谁比，选谁作为参照

物，是比较分析法的关键。比较分析常用到的参照物有三类：上年数或上期数，预算数或目标数，以及行业平均数或标杆企业数。

比较的参照物不同，目的就不同。选取上年数做比较，是为了看业绩改进；选取预算数或目标数做比较，是为了考察执行效率，了解完工进度；选取行业平均数或标杆企业数做比较，是为了找差距。

为了保证分析的合理性，做比较的两组数据需统一口径。通俗地讲，就是要让数据具有可比性。

怎么统一口径呢？建议从以下几方面着手：

（1）会计核算应遵从统一的制度与准则，特别是收入的确认、资本化与费用化的确认应一致；

（2）剔除例外事项与偶发事项；

（3）剔除与分析结论无关联的事项；

（4）挤出人为操纵的水分。

只有把待比较的数据弄清爽了，比较得出的结论才会有价值。

比较过后，数据问题会一览无余。我们需要关注以下四类异常数据：

（1）不能完成目标的数据；

（2）完成进度落后的数据；

（3）与历史数据相比异常的数据；

（4）与行业数据相比异常的数据。

比较的目的是找短板、找问题，进而分析业务背后的原因，然后提出解决措施与建议。这四类数据是需要我们做进一步分析的关键点。

可以这样说，比较分析法是最简单的分析方法，也是最基础的分析方法，在财务分析中应用非常广泛。

【例 4-1】表 4-1 为 A 公司 2020 年与 2021 年的销售收入、销售成本、营业利润等数据，请分析该公司在 2021 年经营中可能面临的问题。

表 4-1　A 公司 2020 年与 2021 年的相关财务数据

单位：万元

项目	2020 年	2021 年
销售收入	3 323	3 389
减：销售成本	1 685	1 966

（续表）

项目	2020 年	2021 年
毛利	1 638	1 423
减：期间费用	600	520
营业利润	1 038	903

从 A 公司的销售收入数据来看，相比 2020 年，其 2021 年的销售收入规模几乎没有增长，这是市场疲软的典型特征。在 2020 年、2021 年销售收入大体相当的情况下（仅增长 1.99%），销售成本大幅增长了 16.68%。出现这样的数据体征，可能的原因有以下两方面：

第一，因产品价格下降，导致 A 公司的盈利能力滑坡；

第二，产品价格没有下降，但产品成本提高了，产品的市场竞争力在下滑。

二、比率分析法

比率分析法是以同一期财务报表上若干项目的相关数

据相互比较，求出比率，用以分析和评价企业的经营活动以及企业目前和历史状况的一种方法，是财务分析的基本工具之一。

为什么会用到比率分析呢？这是因为有些经济指标光看绝对数不能说明问题，而比率是相对数，有时相对数更能揭示出问题的本质。

【例 4-2】A、B 两家公司是友商，A 公司年销售收入 5 000 万元，年销售费用 450 万元；B 公司年销售收入 3 000 万元，年销售费用 360 万元。请问 A、B 两家公司谁的销售费用控制得比较好？

从绝对数看，B 公司的年销售费用要低于 A 公司的年销售费用，如果你因此得出 B 公司的销售费用控制较好的结论，那就错了，错误的原因在于，B 公司的销售收入要低于 A 公司的销售收入。如果先计算两家公司的销售费用率，然后拿销售费用率做比较，问题就好说清楚了。A 公司的销售费用率为 9%，B 公司的销售费用率为 12%，显然 A 公司的销售费用控制得好一些。

1. 常用的财务比率及参考值

（1）短期偿债能力比率

流动比率＝流动资产÷流动负债，即流动资产偿还流动负债的保障倍数，参考值为 2。

速动比率＝速动资产÷流动负债，即速动资产对流动负债的保障倍数，参考值为 1。速动资产一般指流动资产扣减掉存货及预付费用后的资产。

现金比率＝现金性资产÷流动负债，即现有的资金（可立即变现的资金）偿还负债时有多少保障倍数，参考值为 > 20%。

利息保障倍数＝息税前利润÷利息。息税前利润有多少可以偿还利息，银行更愿意看到这个数据，如果利息都还不上，那么本金更不可能偿还。

（2）长期偿债能力比率

资产负债率＝负债总额÷资产总额，参考值为 < 70%。

权益乘数＝资产总额÷股东权益，参考值为 < 3.33（根据资产负债率 <70% 推算得出）。

（3）盈利能力比率

销售毛利率＝销售毛利 ÷ 销售收入净额

销售利润率＝利润总额 ÷ 销售收入净额

成本费用利润率＝利润总额 ÷ 成本费用总额

总资产收益率＝利润总额 ÷ 平均总资产

净资产收益率＝利润总额 ÷ 平均股东权益，它是杜邦分析法使用的起始指标。

（4）周转能力比率

应收账款周转天数（DSO）＝（应收账款平均余额 × 计算期天数）÷ 收入净额

存货周转天数＝（存货平均余额 × 计算期天数）÷ 销货成本

流动资产周转率＝销售收入净额 ÷ 平均流动资产

固定资产周转率＝销售收入净额 ÷ 平均固定资产

总资产周转率＝销售收入净额 ÷ 平均总资产

周转率的高低可以反映出企业运作效率的高低，周转率越高说明企业运作效率越高，企业的整体利润率也会提高。这对快速消费品行业非常重要，也是其特别关注的指标。

2. 如何理解财务比率

用好比率分析法的关键是要正确理解财务比率。如何正确理解财务比率呢？建议从以下四个方面着手。

（1）财务比率的经济含义是什么

财务人员计算财务比率，需要理解比率所包含的经济含义。例如，销售毛利率的经济含义为每一元销售收入能带来多少钱的毛利润，这些毛利润可弥补多少期间费用及形成多少利润。销售毛利率越大，表示产品或服务盈利能力越强。企业按期分析该比率，可以对销售收入、销售成本的配比情况做出判断。

应收账款周转天数的经济含义为企业从确认应收账款到收现所需的时间。应收账款周转天数越少，说明其收回越快。反之，说明营运资金过多呆滞在应收账款上，影响正常资金周转及偿债能力。

流动比率的经济含义是指企业每偿还一元钱的流动负债有多少流动资产做保障。

搞清楚了财务比率的经济含义，才能知道它该运用在哪些场景。

（2）比率分析法的需求者是谁

实际上，不同的财务比率有其特定的需求者，之所以说是特定的需求者，原因在于该比率与其利益息息相关。

例如，资产负债率（总负债 ÷ 总资产），它的特定需求者是企业的债权人或者潜在的债权人（如银行），债权人根据资产负债率的高低来判断是否给该企业借款。速动比率、流动比率的特定需求者是供应商，供应商根据这些比率判断客户公司的短期偿债能力，从而判断是否给予信用政策。应收账款周转天数，销售部门更需要，销售部门考核应收账款账龄，用以评价客户的信用；存货周转天数，采购部门更需要。

搞清楚了财务比率的特定需求者，我们就可以根据财务分析报告的受众去选用相应的财务比率进行分析。

（3）比值是高好还是低好

如上文所述，有些财务比率的比值是有公认参考标准的。比值的高低能够反映出企业的经营意图，以及风险承受能力。此外，不同利益相关人对比值大小的观感是不一样的。

以资产负债率为例。对银行而言，比值越高风险越高，比值越低风险越低，甚至为零就更好了，银行贷款回收会更有保障。对企业股东而言，比值高不好，比值低也不好。比值高说明企业债务风险大；比值低说明企业的经营资金主要来自股东，财务杠杆配置不佳，未能举债来为企业创造更多利润。

（4）区域水平、行业水平如何

财务比率参考值与地域、行业也有较大的关联性。我们在做财务分析时，应充分考虑到这种关联性。以区域为例，在经济发达地区，企业人工成本占总成本的比例会远高于经济落后地区。以行业为例，制造业的销售毛利率会远高于商品流通业。再如资产负债率，商品流通业的资产负债率水平不宜超过 50%，制造业不宜超过 70%，而房地产业的资产负债率普遍在 80% 以上，有的甚至高达 90%。

3. 比率分析法示例

【例 4-3】某公司的流动比率为 2.5，速动比率为 0.7，存货周转率为 1.5。请判断该公司的流动性情况？

　　该公司的流动比率为 2.5，参考值为 2，单从这个指标来判断，该公司的流动性不错。该公司的速动比率为 0.7，参考值为 1，速动比率偏弱。流动比率偏好，而速动比率偏弱，两者的差别主要体现在存货上，存货的周转率是 1.5，即存货周转一个周期需要 240 天（8 个月）。该公司的存货周转太慢了，需要改进存货周转。如果公司存货管理加强，库存减少了，那么速动比率也会大大提高。

　　根据以上分析可以得出如下结论：

（1）一个有意义的比率，必然说明经济上存在重要
　　　关系；

（2）比率计算简单，但解析并不容易，其有用性有赖
　　　于我们的解析能力；

（3）解析比率的意义，往往要结合比较分析法、趋势
　　　分析法、因素分析法；

（4）计算比率应注意分子、分母口径上的一致性；

（5）企业的财务比率高低具体要结合其所处的行业来
　　　判断，因为不同行业的比率数值差异可能很大；

（6）许多比率与其他比率是相互关联的，需要进行系

统的分析，如流动比率与速动比率的关联性在于存货，存货周转快慢会影响速动比率。

【例 4-4】A 公司的存货包括原材料、低值易耗品及库存商品三部分，年报中存货的结构数据如表 4-2 所示，请分析该公司存货管理可能存在的问题。

表 4-2　A 公司的存货数据

单位：万元

存货	期初数额	比率	期末数额	比率
原材料	626	23.11%	307	7.93%
低值易耗品	44	1.62%	52	1.34%
库存商品	2 039	75.27%	3 513	90.73%
合计	2 709	100%	3 872	100%

我们先从存货总量来看，该公司存货的期末数额比期初高了 1 163 万元，增长了 42.93%，这个数据显然不理想；再从结构方面分析，原材料的期末数额比期初大为降低，低值易耗品期末与期初数额变动不大，库存商品的期末数额比期初大幅增长，增长了 72.29%。结合企业存货中库存

商品占极大的比例（期末库存商品占存货的 90.73%，期初占 75.27%），可得出如下结论：

（1）期末存货增加系库存商品增加所致；

（2）A 公司库存商品积压，可能存在滞销问题，至于是否真的滞销，需要结合实际经营情况来判断。

三、因素分析法

因素分析法是指通过分析影响财务指标的各个因素，将财务指标本期实际数与计划数或基期实际数的差异分解到各个因素，最终判定各个因素对财务指标变动影响程度的一种方法。

1. 哪些指标适用于因素分析法

杜邦分析法就是因素分析法的经典运用。它以净资产收益率为起点，逐层展开，可以深挖影响到净资产收益率变动的原因。

因素分析法适用于综合性较高的财务指标。例如，杜邦分析法中的净资产收益率指标就可分解为多个因素；做产品成本分析时，直接材料、直接人工、制造费用的变动可分解为价差、量差，对这些指标的分析就可使用因素分析法。若财务指标是单结构、单细胞的财务指标（如销售收入、折旧费用），则不适用因素分析法。

2. 因素分析法运用的步骤

第一步，确定影响指标的因素。

例如，对产品销售毛利率做分析，我们先要找出影响产品销售毛利率的因素。怎么找呢？可以从销售毛利润的计算公式入手。

销售毛利率 = 销售毛利 ÷ 销售收入

= （销售收入 – 销售成本）÷ （单价 × 销量）

= （销量 × 单价 – 销量 × 单位成本）÷ （单价 × 销量）

= （单价 – 单位成本）÷ 单价

= 1 – 单位成本 ÷ 单价

细究下来，影响销售毛利率的因素只有两项：单价与单位成本。

第二步，计算各因素对指标的影响程度。

我们仍以销售毛利率为例进行分析，单价、单位成本的变化都会影响销售毛利率的大小。产品销售毛利率上升，可能是提价所致，也可能是降本所致。如果单价与单位成本都有变化，那么我们在做分析时，需要分别计算每项因素变化对销售毛利率变化影响的大小。

3. 因素的影响类型：乘除与加减

（1）乘除关系如何分析

以杜邦分析法为例，影响净资产收益率的各因素无疑是乘除关系。针对乘除关系作因素分析时，我们经常使用连环替代法。例如，将净资产收益率指标分解到每个细项，最终可以界定是哪个（些）因素影响了净资产收益率。

（2）加减关系如何分析

以净利润分析为例，我们先来看净利润的计算公式：

净利润 = 营业收入 − 营业成本 − 税金及附加 − 销售费用 −

管理费用 − 研发费用 − 财务费用 + 其他收益 +

营业外收入 − 营业外支出 ± 投资收益 − 所得税

净利润与"="后各因素的关系就是加减关系。对加减关系进行因素分析时，常用差额分析法，看每项影响因素自身变化有多大。

4. 因素分析法示例——企业应如何提高销售毛利率

【例 4-5】甲公司 2021 年的年报出来后发现，其销售毛利率比 2020 年下降了 5 个百分点。请问甲公司在 2022 年能采取什么措施来提高产品的销售毛利率？

正如上文分析的，影响单一产品销售毛利率的因素有两个：单价与单位成本。因此，甲公司可以采取提高产品单价及降低产品单位成本两种措施来提高产品的销售毛利率。单一产品的销售毛利率提高了，甲公司整体的销售毛利率也会趋好。

如果甲公司同时销售多款（种）产品，那么综合销售毛利率的计算公式如下：

综合销售毛利率 =（A 产品销售收入 × A 产品销售毛利率 +B 产品销售收入 × B 产品销售毛利率 +……）÷（A 产品销售收入 +B 产品销售收入 +……）

透过上面的公式不难看出，影响综合销售毛利率计算的因素除了单一产品的销售毛利率，还包括各产品销售收入占总销售收入的权重。如果高毛利率产品销售占比高，综合毛利率就会高；如果低毛利率产品销售占比高，综合毛利率就会低。

综上所述，为了提高企业的综合销售毛利率，甲公司可以考虑的思路有以下三项：

（1）提高各项产品的销售价格；

（2）降低各项产品的单位成本；

（3）提升高毛利率产品的销售权重。

甲公司的以上三项思路都能落地吗？

首先看思路（1），提高各项产品的销售价格。实操中，甲公司需要考虑客户能否接受、销售人员有无信心、友商是否会抢夺客户，除非甲公司能不断推出创新性产品黏住客户，否则提价牟利会成为一条不归路。

其次看思路（2），降低各项产品的单位成本。企业想降低成本并不容易，很多企业在业绩好的情况下，花钱大手大脚，成本费用也很高，其往往在经营不景气时才会想到降本增效，平时提"降成本"更多是作为一个口号，它的象征意义是：①提倡员工不要浪费，②给员工传递压力。

最后看思路（3），提升高毛利率产品的销售权重。这可以通过销售环节不同资源配置、采取不同的激励模式去实现，即将更多的力量投入到高毛利产品销售上。这样做，短期内可以促进高毛利率产品的销售，长期来看可以促进产品迭代升级，因为只有附加值高的产品才能卖得好。这等于间接促进了企业产业结构调整。事实上，这也是企业提高综合销售毛利率最可行的办法。

四、趋势分析法

趋势分析法又称水平分析法，是通过对比连续数期财务报告中的相同指标，确定增减变动的方向、数额及幅度，用以说明企业财务数据变动趋势的一种财务分析方法。简单来说，趋势分析法是基于数据惯性，用历史判断未来的一种分析方法。

1. 趋势分析的三个方面

（1）预测未来趋势

当有两期数据时，可以做比较分析；当有连续多期数据时，就可以做趋势分析了。一般情况下，我们认为趋势是会延续的，没有外力介入，趋势不会突然改变方向。基于这一规律，我们可以根据历史数据对未来进行预测。

【例4-6】A公司2010年—2021年的销售收入每年增长10%，如无特殊情由，我们愿意相信该公司2022年的销售收入也将增长10%。

通常情况下，我们在做财务决策时，会基于这样的趋势预判展开。如果A公司经营层希望2022年公司的销售收入增长20%，那就需要额外努力，并在资源配置上向销售倾斜。

（2）引起趋势变化的原因分析

趋势的改变是反常的，既然反常，我们就要找到原因。

接例4-6，若A公司销售收入原本每年增长10%，2021年相比2020年突然下降了20%，我想A公司的经营层一定会警觉，会分析引起趋势变化的原因，到底是市场整体疲软所致，还是自身努力不够（如产品不够新颖、促销力度不够大）所致。

(3) 分析趋势变动蕴藏的风险

趋势平滑，这是正常状况，大增（减）或出现拐点可能蕴藏风险，如图 4-1 所示。

图 4-1　趋势变动示例

接例 4-6，若 A 公司销售收入每年增长 10%，这属于平滑增长；2021 年突然增长了 30%，这属于异常增长；2021 年销售收入下降了 20%，这属于出现拐点。异常增长或出现拐点都属反常，我们在做趋势分析时需要对反常有足够的警惕与重视。

有人可能会疑惑，销售收入异常增长不是更好吗？为什么要警惕与重视呢？销售收入异常增长可能导致企业加大生产（增加员工）、加大备货，甚至扩大产能，如果异常增长不可持续，前期为之做出的投入很可能无法收回。

2. 趋势分析法示例

我们仍沿用例 4-6，图 4-2 为 A 公司 2021 年的月度合同额、收入、回款趋势图，请根据该图判断 A 公司管理水平的高低。

（单位：元）

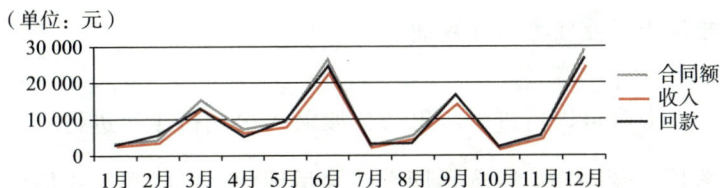

图 4-2　A 公司 2021 年的月度合同额、收入、回款趋势

初看这个图，会让人感觉莫名其妙。我们把问题细化一下，图中的三条线有什么规律可循吗？

首先，从图中的折线走向可以判断出一点，该公司的月度合同额、收入、回款线高度重合，三者如此吻合，意味着该公司的合同同步实现了收入，收入同步实现了回款。能做到这样，说明该公司的内部管理很规范。

其次，看合同额、收入、回款月度数据的规律。从表面上看，数据杂乱无章，极不均衡，没有规律可言。如果将合同额、收入、回款数据每三个月截为一段，就不难发现其中的两个规律了。

第一，数据逐月提高，2月比1月高，3月比2月高，5月比4月高，6月比5月高……

第二，季度末月冲高意向明显，6月、12月表现更甚。为什么会有季度末月数据冲高这种特点呢？这是A公司按季度进行业绩考核导致的。

大家可以再进一步思考，如果A公司按半年进行绩效考核，合同额、收入、回款线会呈现什么形状呢？我估计会是一个大写的"N"。

如何提升财务数据的均衡性呢？我建议A公司适当缩短考核周期，按年考核的可改为按半年考核，按半年考核的可改为按季度考核。缩短考核周期，可以加强考核的牵引力度，有助于实现财务数据均衡。

05

第五章
解读财务指标与财务比率

　　会计作为一门学科，有大量的专业术语，这些术语自然包括财务指标与财务比率。我们做财务分析时离不开对财务指标与财务比率的解读。每个财务指标或财务比率的异常变化都会直接或间接地反映出企业经营中存在的问题。解读财务指标与财务比率的关键是正确地理解它们，这种理解既需要知道它们的经济内涵，也需要了解引起它们变动的关联因素。可以这样说，解读财务指标与财务比率是做财务分析的基本功。

一、找准财务比率的终极使用者

　　初学会计的人有一点会特别头疼，会计学科需要记忆的财务比率特别多，这些财务比率实际上都是专业术语，要把它们记住，搞清楚它们的计算公式及经济内涵并不容易。

　　学习一个财务比率，先要琢磨这个财务比率的终极使用者是谁。你或许会认为，财务比率方方面面的人都会用到，这有什么可琢磨的呢！确实如此，企业的利益相关者，诸如股东、债权人、经营者、供应商、客户等，为了解企业的实际情况，都会借助财务比率以资佐证，他们都是财务比率的使用者。

但本书讲的是要搞清楚财务比率的"终级使用者"，这是什么意思呢？

财务比率不是凭空产生的，每个财务比率的诞生，都是有其原因的，源头都是为了服务企业的某类利益相关者。正是因为这类利益相关者有某种特殊的需求，所以才会有相应的财务比率去满足他们的需求。

下面列举几个财务比率来说明：

★ 资产负债率，到底哪类利益相关者最需要看到它呢？无疑是债权人或潜在债权人，因为他们要把握自身债权的风险，自然就要评估债务人的偿债能力。资产负债率是衡量企业偿债能力的绝好指标。直到今天，银行决定给企业放贷时，通常还会紧守资产负债率70%这道红线。如此说来，债权人就是资产负债率这一财务比率的终极使用者。

★ 净资产收益率。净资产收益率也是杜邦分析法的起点，杜邦分析法原本就是为股东服务的。谁最希望审视净资产收益率呢？当然是股东，股东时刻关心自己投的钱能带来多少回报。因此，股东是净资产收益率的终极使用者。

★**销售毛利率**，谁最关心它呢？当然是企业的经营者（总经理）。如果产品的销售毛利率低，意味着企业的盈利能力弱，产品不怎么赚钱，这说明企业的经营存在问题，而经营者（总经理）对此难辞其咎。所以说，企业经营者（总经理）是销售毛利率的终极使用者。

★**税负率**，这是近些年流行起来的一个财务比率，常用的税负率计算公式是：税负率＝增值税纳税义务人当期应纳增值税额÷当期应税销售收入。谁最早用到了税负率呢？应该是税务机关。税务机关要对企业的纳税信用进行预判，基于行业内的经验数据，单一企业的税负率能大致反映出企业纳税是否完整。因此，税负率的终极使用者是税务机关。

财务比率还可以列举很多，上面这些应该能说明问题了。试着从上述角度去解读财务比率，或许你能从枯燥的财务知识中品出许多趣味来。带着趣味学习，无疑会有助于我们牢记这些知识。

二、如何管理资产负债率

资产负债率＝负债÷资产。资产负债率是反映企业偿债能力最重要的指标，也是债权人（包括银行）最看重的客户信用指标。资产负债率越低，说明企业债务风险越小，反之则越大。如果资产负债率超过 100%，说明企业已经资不抵债了。

站在企业经营的角度，资产负债率是高点好，还是低点好呢？这个问题不好简单作答，关键要看债务融资后资金边际收益的大小。如果借钱所产生的收益率大于资金成本率（利率），从股东利益出发，这个钱就应该借，越多越好。利用债务杠杆提升企业收益的本意就是如此。

资产负债率，到底哪类利益相关者最需要看到它呢？无疑是债权人或潜在的债权人，因为他们要把握债权的风险，自然要评估债务人的偿债能力。不断放大债务杠杆，这无疑会加剧债权人的风险。当企业资产负债率达到一个数值时，债权人的借贷意愿就会衰减。

资产负债率的高低，还有债权人与债务人博弈的因素在里面。两相综合，判断企业的资产负债率处于什么水平，既要考虑资金收益，又要考虑偿债风险。

图 5-1 是华为公司 2020 年的年报数据摘要。细读这份年报，你会发现一个典型的数据特征：华为公司的资产负债率逼近 70%，却始终不会突破 70%。

	2020年		2019年	2018年	2017年	2016年
	(百万美元)	(人民币百万元)		(人民币百万元)		
销售收入	136 717	891 368	858 833	721 202	603 621	521 574
营业利润	11 120	72 501	77 835	73 287	56 384	47 515
营业利润率	8.1%	8.1%	9.1%	10.2%	9.3%	9.1%
净利润	9 916	64 649	62 656	59 345	47 455	37 052
经营活动现金流	5 402	35 218	91 384	74 659	96 336	49 218
现金与短期投资	54 812	357 366	371 040	265 857	199 943	145 653
运营资本	45 870	299 062	257 638	170 864	118 503	116 231
总资产	134 491	876 854	858 661	665 792	505 225	443 634
总借款	21 751	141 811	112 162	69 941	39 925	44 799
所有者权益	50 678	330 408	295 537	233 065	175 616	140 133
资产负债率	62.3%	62.3%	65.6%	65.0%	65.2%	68.4%

注：美元金额折算采用 2020 年期末汇率，即 1 美元兑 6.5198 元人民币。

图 5-1　华为公司 2020 年的年报数据摘要

华为公司的资产负债率为什么有这样的特征呢？我想主要有以下两方面的原因：

第一，70% 是一道红线，银行非常看重这个数，华为公司需要向银行贷款，资产负债率自然不会轻易突破这道红线；

第二，华为公司需要大量融资，而股权（虚拟受限股）的融资成本较高，因而要尽可能多地通过债务融资来降低整体资金成本。

一言以蔽之，华为公司把财务杠杆用到了极致。

光用资产负债率评价企业的债务风险是不够的，因为还涉及资金的配置问题。企业短债长用，即便资产负债率不高，也可能导致不能偿还到期债务的后果。此时，资产负债率结合流动比率、速动比率一起分析，就可以比较合理地判断企业的债务风险了。资产负债率警戒值是70%，意味着负债不宜超过资产的70%。流动比率的参考值是2，意味着流动资产偿还短期负债要有两倍的保障能力。速动比率的参考值是1，意味着流动资产扣除存货（以及预付账款）后偿还短期负债要有一倍的保障能力。

管好资产负债率，事关企业生死。三年前，某地产巨头的负责人在公司30周年年会上郑重承诺，集团将采用一切资本手段降低企业负债，包括出售非核心资产、保持控制权前提下的股权交易、合作管理别人的资产等，同时计划用两到三年时间，将企业负债降到绝对安全的水平。三年过去了，从实操效果看，该地产企业已经成功摆脱了房地产下行周期的债务危机。

总体来说，管理好资产负债率，一方面要平衡好资金收益与债务风险，另一方面要合理搭配长短期资金，维持资金流动性的稳健。

三、如何计算复合增长率

什么是复合增长率（CAGR），它又是如何计算的呢？下面我们用案例来说明。

【例 5-1】某公司年销售收入增长情况如下：2018 年相比 2017 年增长了 20%，2019 年相比 2018 年增长了 40%，2020 年相比 2019 年增长了 20%，请问，该公司 2018 年—2020 年三年间销售收入的复合增长率是多少？答案是 26.33%，计算公式如下：

$$\left(\sqrt[3]{(1+20\%)\times(1+40\%)\times(1+20\%)}-1\right)\times100\%$$

$$=\left(\sqrt[3]{1.2\times1.4\times1.2}-1\right)\times100\%$$

$$=\left(\sqrt[3]{2.016}-1\right)\times100\%$$

$$\approx(1.263272-1)\times100\%$$

$$\approx26.33\%$$

复合增长率不同于年增长率。年增长率是一个短期的概念，年增长率反映的是本期相比上期的增长；复合增长率是基于长期时间基础的核算，本期相比基期（最初数），平均每期增长了多少。如例 5-1，2020 年的数就是本期数（1.2×1.4×1.2），2017 年的数则是基期数（1）。

　　复合增长率是统计学中的一个概念，它更能说明产业或产品增长及变迁的潜力和预期。复合增长率的计算方法为总增长率（一般为百分比）的 n 方根，n 相等于有关时期内的年数或期数。以投资为例，某投资项目原始投入为 1 000 万元，三年后该投资项目估值为 2 700 万元，该投资项目收益三年复合增长率的计算公式为：

$$三年复合增长率 = (\sqrt[3]{现有价值 \div 基础价值} - 1) \times 100\%$$

$$= (\sqrt[3]{2\,700 \div 1\,000} - 1) \times 100\%$$

$$\approx (1.3925 - 1) \times 100\%$$

$$\approx 39.25\%$$

　　打开华为公司 2020 年年报（见图 5-2），从中可以看到华为公司 2016 年—2020 年连续五年销售收入、营业利润、经营活动现金流的复合增长率。

销售收入

CAGR:14%

人民币百万元

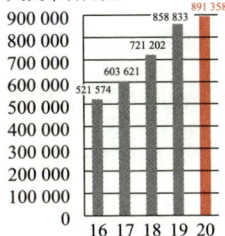

营业利润

CAGR:11%

人民币百万元

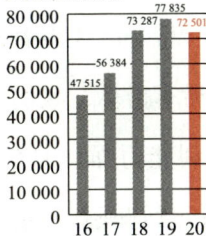

经营活动现金流

CAGR:(8)%

人民币百万元

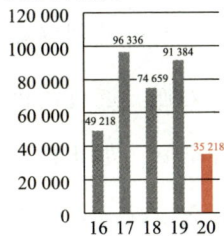

注：图中 16、17、18、19、20 代表 2016 年—2020 年。

图 5-2　华为公司 2020 年年报截图

四、销售毛利率能否真实反映产品盈利能力

我们在做财务分析时，绕不开盈利分析。如何做盈利分析呢？我建议从以下两个财务比率入手。

（1）企业的净资产收益率，它能反映出企业整体盈利能力的高低。

（2）产品的销售毛利率。产品层面的盈利能力如何，应该看产品销售毛利率的高低。此外，通过产品

销售毛利率，我们还能判断出产品的市场竞争能力。

销售毛利率高的产品一般代表着附加值高，市场竞争能力强。透过销售毛利率指标，我们也能看出产品有无降价空间。如果产品盈利能力强，但企业整体盈利能力差，那么反映出企业内部运营管理差。销售毛利率能传递出很多重要信息，平时我们对它不可不重视。提醒一句，基于销售毛利率判断产品的盈利能力，应注意以下三点。

第一，多产品加权平均后的销售毛利率不能反映单一产品的盈利能力，销售毛利率应分产品逐一审视。

企业在绩效考核时，如果考核销售毛利率，销售部要想改进这一指标，有哪些手段呢？首先想到的是给产品提价，问题是提价后销量可能会受影响，后遗症太大；其次想到的是找生产部降低产品的单位成本，这招说起来容易做起来难，而且起作用有滞后性。最功利的办法是加大对高毛利产品的促销力度，通过改变销售权重结构来改善整体的销售毛利率。但当企业涉及多产品的销售时，企业整体的销售毛利率高，不代表单一产品的销售毛利率都高；

企业整体的销售毛利率低，也不代表单一产品的销售毛利率都低。因为，整体的销售毛利率是依据单一产品的销售毛利率加权平均后计算出的结果。单一产品的销售权重会影响企业整体的销售毛利率。

第二，产品的销售成本归集不完整，或成本费用化了，销售毛利率会虚高。

最明显的例子是项目类产品与服务类产品的成本归集，有些财务人员为了简化会计核算，会将应在成本中归集的支出直接计入期间费用。这样一来，必然会导致销售成本"缺斤短两"，成本低了，销售毛利率势必虚高。

第三，为实现产品销售，若搭配了诸多提成、返点、回扣，销售毛利率则不能反映出产品真实的盈利能力。

有什么办法可持续维持产品的高销售毛利率呢？一方面有赖于生产过程中践行精益管理，不断降本增效；另一方面需要企业对产品不断创新，让产品不断迭代更新。

五、慎行高杠杆运营

高负债率、高杠杆的企业，哪怕它是世界 500 强，实际也只是虚胖，与"强"无关。它经不起大的市场波动，辉煌与倒闭之间也许只有一步之遥。

如果你读过任正非的文章"华为的冬天"，你一定能感受到任总那种浓郁的危机意识。其中一段话是这样写的：

> "公司所有员工是否考虑过，如果有一天，公司销售额下滑、利润下滑甚至会破产，我们怎么办？我们公司的太平时间太长了，在和平时期升的官太多了，这也许就是我们的灾难。泰坦尼克号也是在一片欢呼声中出的海。而且我相信，这一天一定会到来。面对这样的未来，我们怎样来处理，我们是不是思考过。我们好多员工盲目自豪，盲目乐观，如果想过的人太少，也许就快来临了。居安思危，不是危言耸听。"

无论什么行业，市场不可能永远都是春光和煦的。意识不到市场的寒冬，这是企业家前瞻性不够；意识到市场的寒冬却不积极准备棉袄（资金）过冬，这是企业家投机心理作怪。一切结果皆有因，因为资金链断裂导致企业轰然倒下，这样的例子以前有，现在也有，未来还会有；国内有，国外也有，算不得新奇。只是每次有新的企业巨轮因为"负债过重"而沉船，多少都会给人以新鲜的震撼感。

"老干妈"创始人陶华碧表示，"老干妈"不考虑贷款、参股、融资和上市，坚持有多少钱就做多少事。"老干妈"的资金策略无疑是稳健的。其实，企业负债经营算不得错，利用财务杠杆挣更多的钱无可厚非，适当借款有助于企业快速扩张，抢占市场先机。只是把杠杆用过了，好事会变坏事，这是值得反思的。

企业家底是否殷实，总资产大小是一个衡量标准，但不能只看总资产大小，还应看资产负债率的高低。资产负债率一旦超过 70% 这道红线，就意味着企业存在着较大的债务风险，也意味着金融机构不愿意再给企业新增贷款。当企业能正常支付利息且有利润时，企业不断借新还旧维持高负债运营是有可能的。这样的做法一段时间内可能无碍，但凡赶上银根紧缩，新贷下不来，老贷又到期了，企业瞬间就会陷入债务危机。

一家资产过千亿的企业，90%的资产负债率意味着什么呢？它意味着企业家在用100亿元自有资金撬动1000亿元的资产体量，长期这么做，杠杆非撅折了不可。

评价企业债务风险，光看资产负债率远远不够，还需要看资产的构成，即流动资产占比多少、非流动资产占比多少。资产的流动性体现的是资产的变现能力，简单来说，就是当企业碰到难关时，有没有办法快速把资产变成现金。关注资产的流动性，应重点看两个指标：流动比率与速动比率，它们体现的是企业用流动资产偿还短期负债的能力。

绝大多数倒下的企业都有一段辉煌的历史，曾经辉煌时，企业经营者们会想着不断扩张，再创更大的辉煌。企业经营者的雄心壮志里既有大事业的萌芽，也有企业债务风险的萌芽，悠着点扩张，企业或许能避免陷入高负债的陷阱。那些盲目相信高负债、高杠杆、高利润、高效率发展轨迹的企业经营者们要注意了，这种高风险的发展路子是在走钢丝，是典型的财务机会主义，赢了会心惊胆战，输了则四脚朝天。

六、资金管理的三个维度：安全、收益、效率

3 个空饮料瓶可兑换一瓶饮料，如果你手中有 10 个空瓶，你最多可以喝到几瓶饮料？下面我们通过这个问题来讲一讲资金管理的风险偏好。

如果你的答案是 3 瓶，可推断出你对资金管理完全是粗放式的。9 个空瓶换了 3 瓶饮料喝，剩下的 4 个空瓶就不管了，把空瓶视作资金，这不是让资金闲置了吗？

如果你的答案是 4 瓶，你极可能是资金管理上的风险规避者，因为手头还剩下 2 个空瓶，你视而不见。

如果你的答案是 5 瓶，恭喜你，回答正确，也说明你善于负债经营。剩 2 个空瓶后，不妨先赊 1 瓶饮料喝，喝完正好剩 3 个空瓶，抵债刚好。

用上面这个生活中的例子引出资金管理的话题非常恰当。企业的资金管理主要有三大任务。

第一，保障资金安全。

这既是资金管理最低层次的要求，也是最高层次的要求。最低层次的要求是不能让资金被侵蚀，最高层次的要求是不能让资金链断裂。要做到这两点，企业需要在加强内控建设的同时，做好资金规划。

资金链断裂是企业资金管理最大的风险，也是企业"沉船"最直接的原因。如果事先对资金规划不足，为了归还到期债务，企业真到了抛售资产回笼资金的地步，资产不打个最低折扣估计不会有人接盘。越到这种地步，资产越难出手，估值会越低，因为接盘人都在观望等待抄底呢！

机会面前，无视债务风险，放任债务风险，固执地来一场豪赌，这是典型的财务机会主义。赌赢了，固然可喜，一切都好说；赌输了，亏了企业，亏了员工，亏了债权人，也亏了企业经营者。要是企业经营者在这过程中浑水摸鱼，自己大发"企难财"，这样的"企业家"其心可诛。

如何保证企业资金链安全呢？下面给企业经营者们提六点建议：

（1）在主业实现盈利之前，不要扩张新业务，永远让手里有个赚钱的项目；

（2）拒绝赊销，别让应收账款拖垮了自己；

（3）订单生产、订单采购，不要囤货，既不要囤积原材料，也不要囤积产成品；

（4）当实力有限时，维持轻资产运营，重资产能租不买；

（5）保持用工饥渴，用工管理以提升效率为先，要力争用机械化、信息化把劳动力替换出来；

（6）务实，把所有的花哨开支省掉。

第二，创造更多收益。

企业资金具有强烈的功利性，钱生钱，是企业资金的使命。在开源环节，需要企业寻找回报率更高的投资项目，在节流环节，需要企业降低资金筹措成本。

一般而言，债务融资的资金成本要低于股权融资的资金成本。企业在发展过程中，借贷是司空见惯的事情。除了融资成本方面的考量，借贷还有一个好处，相比靠利润积累资金，借钱可以让企业更早地抓住机会，快速扩张。上文中，10个空饮料瓶换了5瓶饮料喝的例子就很好地说明了负债运营的收益。

借多少钱合适呢？这涉及企业家的风险偏好。借钱这件事是把双刃剑，一要有度，二要考虑资金的机会成本。有的企业为了扩张，能借多少借多少，年化利率30%~40%的高息贷款都敢借，这完全是在赌啊！当资金成本与资金的机会成本高过了企业的资金收益率时，钱借得越多，企业只会赔得越惨。

第三，提高资金使用效率。

资金一旦投入了使用，价值就会在具体资产上固化下来，如固定资产、存货、应收账款、金融资产等。这些资产的周转率越高，意味着同一笔资金可以在更短的时间内带来回报。

举个例子来说明：

卖高档酒的毛利率可高达80%，卖鲜牛奶的毛利率不到 5%。假定市场平稳向好，给你 10 万元做本金，你愿意做哪个生意呢？如果只看产品毛利率，你一定会选择卖高档酒。倘若你测算过存货周转率，或许你就会做出另一个选择了。高档酒进货后，平均三个月才能卖出；鲜牛奶当天就可卖出。做高档酒生意，年收益率 320%；做牛奶生意，年收益率可达到 1 825%。

现金为王！企业管理以财务管理为中心，财务管理以资金管理为中心，资金管理以现金流管理为中心。这番话又有多少企业经营者真正理解呢？管理中心一旦错了，企业的行动很可能会跑偏。不按管理规律与经济规律运营，企业栽跟头是迟早的事，栽了跟头也怨不得别人。

七、高负债、高杠杆、高周转，这三道钢丝不好走

高收益就意味着高风险，例如，有些人会瞄准百分之十几甚至更高的年化收益率买理财产品，这么高的年化收益率，我们仅凭常识就能判断出它有巨大风险。

假如一家房地产企业因为盲目扩张、经营不善，加上高管层搞多元化转型，导致企业资金链濒于断裂，现在既欠着理财投资人的钱，又不能全数如期完工交房，我们期待它能怎么办，准业主们又能怎么办呢？

房地产企业有三个做法值得我们反思，也令人警醒。

一是高负债。房地产企业借钱拿地，借钱盖楼，借鸡生蛋，甚至高息借债"生蛋"。对这样的做法，你考虑过它潜在的风险吗？特别是带息的高负债，一方面会吞噬掉房地产企业的利润，另一方面会加剧房地产企业的资金压力。

二是高杠杆。高负债未必就有错，借款100亿元多不多？如果企业自有资金有100亿元，借款100亿元，似乎没什么不妥。不妥的是，企业经营者只有1亿元的自有资金，却要做100亿元的生意，这是1∶99的杠杆。杠杆用过头了，非撅折了不可。

三是预售。楼还没盖好，就开始预售了，这样的周转速度对房地产企业而言，无疑是极大的利好。期房一卖，盖房的钱就有了，这笔预收款还是无息的。可对准业主而言，这意味着其要承担房子不能如期交付的风险。今后，大家在买期房时，是不是要认真考虑一下房地产企业的资金实力呢？

　　房地产企业的这三个做法本质是一而三、三而一的。持久的高负债扩张必然导致高杠杆。高杠杆也可以理解为负债铺摊子，负债到期是要还的，这就需要持续借新还旧。与高昂的债务规模相比，房地产企业的经营利润大多数情况下只能满足付息的需要。预售卖出去的期房，在会计账务处理上，并非是销售收入，只能记作负债，这又反过来加大了房地产企业的杠杆。这杠杆有多高呢？用资产负债率衡量，不少房地产企业到了 82% 以上。这样的资产负债率意味着什么呢？意味着企业每 100 元钱里，至少有82 元是借来的。

　　如果房地产业整体发展势头良好，卖房、贷款一切顺风顺水，高周转润滑着高杠杆、高负债，房地产企业是可以安全运营的，甚至可以玩得风生水起。怕就怕房地产企业的期房不能按时足额卖出去，高周转被困顿了，到时又借不来新钱盖楼，资金链骤然断裂，这楼很可能就没法继续盖了。停工又会加剧潜在购房者的恐惧心理，期房只怕会更加不好卖，如此一来，恶性循环极可能形成。恶性循环之下，楼房交付延期，甚至烂尾都有可能发生。

高负债、高杠杆与高周转，这是房地产企业面对的三道钢丝，一道都不好走。可有的房地产企业却要在这三道钢丝上一道接一道地走过去，真可谓险象环生、惊险又刺激。走成了固然可喜，可走的次数多了，出事的概率也就大了。有的房地产企业负责人似乎很喜欢耍这样的"杂技"，他们觉得自己技高一筹，能驾驭所有的不确定性，他们盲目听信"富贵险中求"，不相信经济规律与市场规律的伟力，总觉得这些规律约束不到自己。等到终有一天，规律的铁锤砸到了他们的头上，到时再醒悟，或许已来不及。

市场不可能永远高歌猛进，一旦房地产企业高周转实现不了，高杠杆势必加剧高负债危机；高杠杆用到头了，钱借无可借，房子也会没钱继续盖，高周转就无从实现。"眼看他起朱楼，眼看他宴宾客，眼看他楼塌了。"孔尚任《桃花扇》里的这句唱词会不会很应某些房地产企业的景呢！"其兴也勃焉，其亡也忽焉！"这句话套用在某些跌倒的房地产企业身上也很合适。

如今，在"房住不炒"政策的引领下，房地产业已由高速增长期步入平稳增长期。市场大势变了，房地产企业的经营策略也应随之改变，降杠杆、减负债应该是当务之急，通过举债大举扩张的老路要慎行。

道阻且长，行则将至，行而不辍，未来可期。建议房地产企业的经营者们，今后宁可让企业发展得慢点，也要稳点，稳了才能走得长远，稳了才算真正的发展。从长远来看，辩证地看，这种"慢"实为"快"，有时候，慢慢来，行稳致远，反倒比较快，龟兔赛跑就很好地阐释了这个道理。企业之间的竞争是长期的竞争，唯有走得长远的企业才是最终的胜者。

八、财务指标降"三高"

"三高"是高血脂、高血压、高血糖的总称，现在成了中老年人的常见病。这种病是慢性病，一时半会儿不会出状况，久拖不治后果却又十分严重。人可能会患上"三高"，企业经营又何尝没有"三高"。

企业的"三高"是指高存货、高应收账款、高管理费用（见图 5-3），但凡有此"三高"的企业，如同患上了经营上的慢性病，会一直受其所累，如不及时治疗，"三高"
还会拖成"绝症"。

高存货	占用资金，加剧机会成本与管理成本，有潜在跌价损失
高应收账款	占用资金，加剧机会成本与管理成本，有潜在坏账损失
高管理费用	意味着企业内部运作效率低下，影响企业利润的积累

图 5-3　企业的"三高"

高存货与高应收账款往往是一而二、二而一，两弊交
织在一起。存货与应收账款居高不下，不仅会挤占企业的
流动资金，加剧机会成本与管理成本，还极可能导致企业
蒙受资产减值损失。

实务中，很多企业的存货管理与应收账款管理都存在
问题，有的企业即使知道问题的症结所在，也不知道该如
何诊治。高存货与高应收账款难治，原因在于病因复杂，
且病因不是孤立的。

要管好存货与应收账款，需要以精细化管理为前提。
精细化管理是系统工程，与存货和应收账款管理相关的内容至少涉及采购到货的及时性、排产的准确性、产品质量的可靠性及与客户对接的融洽度等。唯有全面理顺管理链条，方能实现精细化管理。

高管理费用是指企业管理费用率高于主要竞争对手。这往往意味着企业内部运作效率低下，人浮于事、僵化死板是这类企业的主要表现。高管理费用一方面会加大企业内部交易成本，另一方面会影响企业利润的积累，这又会反过来制约企业扩大再生产。

在行业不景气的环境下，如果企业把"活下去"作为特定时期的最高生存战略与最低生存战略，降"三高"则是必为之举。企业把"三高"降下来，不仅能回笼资金，而且可以把资金支出降到最低限度。通俗来讲，降"三高"可以延缓企业失血。

高存货、高应收账款、高管理费用无疑是企业的坏"三高"。与坏"三高"相对应的有好"三高"，高研发费用、高毛利率、高预收账款，如图 5-4 所示。

高研发费用	可以保证产品持续创新，有更高的附加值
高毛利率	产品附加值高，可摆脱低端竞争，并制定较高的定价
高预收账款	产品领先，可以在商业谈判时占据主动权

图 5-4　与企业坏"三高"相对应的好"三高"

高研发费用可以保证技术有创新，实现产品有更高的附加值，这能帮助企业摆脱低端市场竞争。产品有竞争力，企业才能制定较高的销售价格，产品的毛利率自然也会高些。产品独步市场的企业在销售时可占据主动，拟定商务条款时甚至可以更强势，现款现货与预收账款销售会成为销售主流。这等于成就了企业经营的良性循环。

好坏"三高"的差别在于企业经营理念的高低，好"三高"靠研发创新推动企业车轮向前，越走越顺；坏"三高"靠宽松的信用政策刺激销售，这是企业在自担风险，苦撑度日。

九、企业因何为应收账款所苦

我发现了一个规律，应收账款居高不下的企业，多是产品没有独特性的企业，其产品质量一般但销路广。

这类企业难免陷入红海竞争，市场血拼特别容易滋生三角债，容易出现坏账。一旦赶上经济萧条，红海竞争的企业必定哀鸿一片，纷纷抱怨下游拖欠货款，实际上这些抱怨者也是其上游的抱怨对象。

企业要想摆脱应收账款回款难的苦恼，一方面要加强客户信用管理，谨慎赊销或拒绝赊销，做好这方面需要企业有较强的管理能力；另一方面要提升产品附加值，摆脱低端市场竞争窘境，做到这一点，企业有可能走上良性发展的道路。

1. 应收账款因何形成

应收账款因何形成呢？从内因上讲，主要是企业采用了宽松的信用政策，想借此刺激销售，销售上去了，应收账款也会跟着上去。许多企业在应收账款管理上陷入了两难境地：抓，销售规模受限；不抓，坏账风险提高。这就好比肌体用药，既有病痛折磨，又有药物依赖。

企业的产品没有独特性，市场竞争能力必然受限。如果企业仅满足于市场自然增长，当然不会出问题；如果经营者不甘心，还想寻求市场突破，那就要想办法了。

对大多数企业而言，能想的办法并不多，打开销售局面常用的就两招：降价与赊销。降价促销短暂执行可以，执行久了会挑起价格战，这可是危害整个行业的举动，谁都不敢轻易这么做。既然降价操作的空间有限，赊销自然更容易被企业采用。

当产品缺乏市场竞争力，竞品较多时，无异于火中取栗，如果对客户的资信调研不足，盲目赊销，很容易给自己挖坑，而且坑会越挖越大、越挖越深。

企业如欲诊治应收账款，先要治理经营者那份躁动的野心，要么循规蹈矩，走平稳发展的慢车道，要么在研发与技术上多投入，走蓝海竞争的快车道。切忌在慢车道上肆意超车，以免翻车。

2. 企业管不好应收账款的后果

如果企业一直受困于应收账款，可能有以下三个原因：

第一，企业卖低端产品，长期搞低价倾销，搞清仓出货；

第二，企业的主要客户是垄断型客户，而且很强势，对供应商施压；

第三，企业疏于客户信用管理，制定了比较宽松的信用政策。

应收账款偏高，直接导致的后果有以下三个：

第一，占用企业营运资金，很可能导致企业资金周转困难；

第二，提高了企业资金的机会成本，拉低了企业的利润；

第三，增加了应收账款的管理成本，还可能形成坏账成本。

这三个后果是明面的，大家都能看到。如果不出现大面积的应收账款拖欠与坏账，企业尚可承受，不至于让企业骤然崩盘。或许正是因为这种认知，企业应收账款管理容易出现"温水煮青蛙"的积弊。居高不下的应收账款降低了资金的周转率与收益率，在不经意间会一点点销蚀企业的竞争力，或在极端情况下，一举击倒企业。疏于应收账款管理，"不治将且深"的间接影响有哪些，又有什么后果呢？

第一，影响销售人员绩效兑现，打击销售人员的士气。一般来说，销售人员的薪资结构都是采用"低底薪＋高提成"的模式，兑现销售提成要待应收账款收回以后。如果应收账款迟迟不能收回，销售人员势必不能及时拿到对应的提成。如果应收账款拖欠情况严重，有可能会导致销售人员心生不满，无法安心工作。

第二，企业很可能被低商业信用的客户"绑架"，越陷越深。因为一直拖欠货款，有的客户会债多了不愁，最后反倒以此要挟供应商，如不继续赊货，前面的应收账款就不结算了。

第三，诱导赊销冲刺业务，造成企业财务信息失真。赊销在利润表上仍会表现为收入和利润，只是这类收入和利润没有现金流入做支撑，价值要大打折扣。如果企业的绩效考核过于偏重收入与利润的考核，又会催生放开信用政策刺激销售的后果，这等于给企业打了一个死结。

经营困难之际，财务报表上有两个风向标式的科目：营业收入与应收账款。因商品卖不动，前者会降低；因货款收不回，后者会上升。这两个科目的反向运动又必然带来一个后果，经营活动净现金流量下降，即企业会缺钱。市场进入冬天时，企业需要准备好"棉衣"，能捱过冬天，才能凤凰涅槃。

十、OPM 战略与零营运资金管理

广义的营运资金又称总营运资本，是指一个企业投放在流动资产上的资金，具体包括现金、有价证券、应收账款、存货等占用的资金。狭义的营运资金指某时点内企业的流动资产与流动负债的差额。我们通常所指的营运资金是狭义的，其计算公式是：

营运资金 =（应收账款 + 预付款 + 其他应收款 + 存货 +……）-（应付账款 + 预收账款 + 其他应付款 + 应付工资 + 应交税费 +……）

从上述公式中不难看出营运资金管理的重点在三个科目：应收账款、存货、应付账款。这三个科目对应的是企业的销售环节、生产环节、采购环节。

1. 营运资金管理的目的

如果说筹资管理、投资管理体现企业的战略思想，营运资金管理则是反映企业的管理水平。例如，营运资金居高不下的企业，可能是产品竞争力不够，也可能因为商业信誉不高。

营运资金管理到位的企业，管理会更精细，会不断挖掘企业采购、生产、销售各环节的利益。营运资金管理的目的是提高企业资金的周转速度，降低企业资金的占用成本。

先说企业的资金周转，现金周转天数 = 存货周转天数 + 应收账款周转天数 − 应付账款周转天数。如果想让企业的现金周转加速，就要做到加快存货周转，缩短应收账款账龄，延长应付账款的付款周期。

再来看如何降低资金成本。销售时能预收账款，采购时能延期付款，无异于客户、供应商都在给企业提供无息贷款。反过来，销售时为应收账款，采购时为预付账款，这等于客户、供应商在无偿使用企业的资金。营运资金管理应追求前者的效果。

2. OPM 战略

企业营运资金管理不妨对标 OPM（Other People's Money）模型，"用别人的钱"还是"被别人用钱"，一正一反间不仅减少了资金占用，还可省下不菲的资金成本，甚至有的企业（如商超、电商平台）盈利主要依赖 OPM。

毫无疑问，企业无成本或低成本融资，可以提升企业的投资回报率。但也要注意，过度使用 OPM 这一融资方式会导致与供应商关系恶化，引发供应商挤兑。

3. 海尔的零营运资金管理

从回报率的角度评价，营运资金的回报率一般较低。因此，企业在运营资金管理上需做的是不断降低营运资金的规模。海尔在这方面的表现很突出。

海尔曾提出追求零营运资金管理，尽可能减少企业在流动资产上的资金占用。零营运资金管理是一种极限管理，当然不是真的要求营运资金为零，而是尽量使营运资金趋于最小。这种管理模式在实战中火力多集中在存货与应收账款上，要做到存货最小，措施为 JIT（准时生产）管理与订单生产；要做到应收账款最小，应拒绝赊销。

十一、成本费用控制效果评价的误区

误区一：成本费用与去年同期相比下降了。

要做事就会有成本费用发生。一般来说，做的事越多，成本费用就越多；反之，做的事越少，成本费用也就越少。一味地强调降低成本费用总额，可能会导致责任人通过少做事来降成本，特别是少做那些眼下没有回报，但长远对企业有利的事情。

误区二：成本费用预算完成率好。

成本费用预算的编制可以有两种方式：弹性预算与定额预算。与销售收入有线性关系的成本费用，适合弹性预算；与销售收入没有直接线性关系的成本费用，适用于定额预算。评价成本费用预算完成率的好坏，只适合定额预算。

误区三：成本费用率下降了。

大家普遍认为，成本费用率可以反映出成本费用使用的效率。但是，若将成本费用率作为控制成本费用的依据，就会有失偏颇。原因在于企业追求的不是成本费用率最低，而是追求利润最高。以边际成本费用支出为例，即便支出后会拉升整体成本费用率，但只要这笔支出能创造增量收益，那么依旧是值得的。

正确评价成本费用控制效果的方法是，分析每笔成本费用支出能否给企业带来增量的收益。

06

第六章

从财务分析到经营分析的蜕变

　　华为公司推崇经营分析，而不是单纯的财务分析。财务分析要想真正起到作用，推动业务改进是关键。财务分析需要走进业务、探究业务，找出数字背后的故事，把定位问题变成解决问题，把推脱责任变成分派任务。具体言之，财务分析要指出问题、找出对策、落实责任、到期考核。这样下来，财务分析自然会突破财务的范畴，成为"一把手工程"。如此闭环往复作业，即可实现从财务分析到经营分析的蜕变。

一、如何设计财务分析报告

　　优秀的财务分析报告一定是结合业务进行的，并且能够定位业务问题，有助于解决业务环节存在的问题。

1. 财务分析报告的框架结构

　　企业财务分析最好做到模板化作业，如何设计财务分析报告的框架结构呢？以下五点建议供大家参考。

第一，财务分析报告的框架逻辑要清晰，要有一根主线（主旨），把整个分析贯穿起来。

第二，分析过程要完整，问题提出了，就要有原因分析，以及改进措施与建议，有因必有果。

第三，财务分析报告要首尾呼应，前面提出了问题，后面就要有针对这个问题的具体任务，要落实责任人，落实时间节点。

第四，财务分析报告要直击痛点，定位企业目前最主要、最迫切的问题。企业经营过程中难免有各式各样的问题，依企业现在的基础和条件，解决不了的问题，最好不要列示在财务分析报告里，列示了的，就应是当前有能力解决的。

第五，财务分析报告的每一页都要体现财务的意图，表明财务人员对问题有自己的思考。

财务分析报告的框架结构如图 6-1 所示。

- 上期重大问题回顾
- 主要KPI完成情况
- 专项分析
  - 增长性分析
  - 盈利性分析
  - 流动性分析
- 本期预测
- 重要问题总结

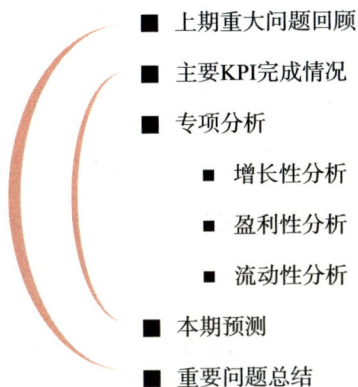

图 6-1　财务分析报告的框架结构

我建议大家将主要 KPI 完成情况写在报告的前面，因为工作成果需要通过绩效考核来验证，接着再找出 KPI 的短板，围绕不足逐项深入，挖出背后的业务原因并提出改进建议。这样的财务分析报告才是企业领导希望看到的。如果改进建议能落实责任人，框出时间节点，就更完美了，相当于变成了实施纲领。

财务分析报告在结尾部分往往要做本期预测，即对全年经营指标结果进行预测，准确的预测有助于企业管理者做出正确的经营决策。

2. 财务分析的晋级

某集团的财务总监问过我这样一个问题，如果每个月都按照固定的框架去写财务分析报告，写来写去，很容易把财务分析搞成简单重复的工作，毕竟企业每个月的主要业务问题都差不多。

应该说，这位财务总监反映的问题很现实，也很典型。

针对一家企业的财务状况及经营成果做财务分析，刚开始时，自然能写一份大而全的财务分析报告，这是非常必要的。财务人员这样做，一方面，有利于对企业的经营问题做一个全面的整理；另一方面，有利于对自己的思维做一个梳理。

然而，财务分析报告如果每个月都这么大而全地写下去，财务人员自己也会觉得乏味，领导们看了会觉得没有太大价值，而且会生出财务"老调不断重弹"的感觉。果真如此，财务分析工作就被动了。

这种情况下，财务人员应该如何应对呢？其实，财务分析是可以晋级的，如图 6-2 所示。

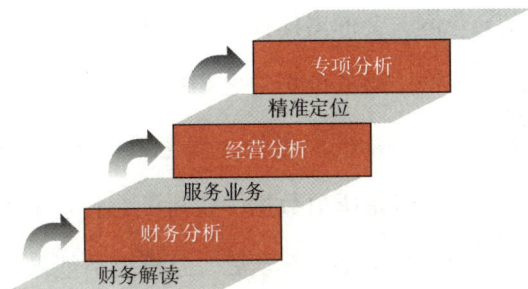

图 6-2　财务分析晋级图示

　　最初，财务人员出具的财务分析报告可以大而全，以便于企业领导、业务人员等了解企业经营中存在的问题；之后，财务需要服务业务，这时要出具经营分析报告；再后面，不妨出具小而精的专项分析报告。专项分析报告一般仅针对企业每个月最核心、最急切需要解决的问题展开说明。例如，超长期应收账款清收问题、滞销产品清仓问题、亏损产品线扭亏问题等。专项分析报告几乎是一事一议，自然不存在"简单重复"的弊端。

二、经营分析是财务分析的升华

　　财务分析如同检查身体，体检报告每项指标都有参考

值，会标出体检结果与参考值相比是高还是低。财务分析与之相似，要求先准备好拟分析指标的参考值，参考值可能是预算目标，可能是历史数据，也可能是行业平均数，分析人员要懂得偏差多大属于异常。分析人员能做到这点算是起步，接下来要判断产生偏差的原因，如"白细胞偏高可能是因为身体有炎症"。

财务分析最基础的作为是对数据的异动给出可能的解释。例如，企业收入大幅降低，毛利率大幅提升了，仅从数据层面分析，理由可能有以下几点：

（1）商品提高了售价，但提价导致需求减少了；

（2）企业将主要精力用于高毛利产品的营销，导致低毛利产品销售额下降；

（3）企业进行了产业升级；

（4）企业剥离了不盈利的产业。

财务分析与经营分析有着密不可分的联系。

第一，财务分析与经营分析"你中有我，我中有你"。财务分析中有经营分析的成分，但没有像经营分析那样着眼于行动；经营分析以财务分析为依托，两者互为表里。

第二，经营分析是针对财务分析发现的问题，结合业务所做的更深入的专项分析，是把财务分析落实到经营层面。

第三，财务分析立足财务，以分析问题为主；经营分析立足经营，以解决问题为主。一般而言，财务分析是 CFO 工程，由财务部一把手组织；经营分析是 CEO 工程，由企业一把手组织。

企业推动财务分析工作建议分以下三步走。

第一步，推全面财务分析，从财务的角度揭示企业存在的问题、潜在的风险，以期引起总经理与业务领导的重视。

第二步，推经营分析，结合业务实际，找出财务数据背后的业务问题，提出解决之道。

第三步，推专项分析，找出短板，深挖吃透、重点突破，立项推动解决问题。

财务分析可以分析自己，也可以分析别人。风投做尽调时的财务分析是分析别人，如同警察查案，嫌疑人一般不会主动交代，警察需要根据对方的辩解不断抛出疑点，最终形成证据链。我们平时在企业做的财务分析属于分析自己，如同医生问诊，医生不仅需要做出诊断，还需要提出治疗方案。

肤浅的财务分析类似做体检，不过是通过指标对比找出异常数据；层次略高的财务分析，可结合业务找到异常数据背后的原因，有点类似医生给病人下诊断书；老道的财务分析不仅仅满足于找原因，而是要提出解决方案，如同老中医能开出一剂良方。

三、如何把财务分析做得有用

从企业内部人角度看，财务分析是由财务人员输出的工作成果，是资深财务人员经常面对的工作。尴尬的是，很多财务人员做完财务分析后，反倒心生疑窦：财务分析真有用吗？的确，有些财务分析报告既没有切入业务，也不能解决问题。无用的财务分析报告一般具有以下三个特点：

第一，财务分析报告是财务人员闭门造车做出来的，分析时热衷于就数字论数字，没有贴近业务，更不可能深入业务；

第二，财务分析报告语言充斥着各种财务术语，做不到理论大众化、语言通俗化，报告只有财务人员自己能看懂，别人看不懂；

第三，财务分析报告不是立足于找寻问题和解决问题，而是将数据刻意做得好看。

如何才能使财务分析真正起作用呢？关键在于以下三点。

1. 以推动业务改进作为导向

财务分析是企业经营中的管理动作，而非理论研究。若想让财务分析起到作用，一定要以推动业务改进作为导向。企业财务管理的目标是实现企业价值最大化，财务分析是财务管理的一项具体工作。财务工作本身不直接创造价值，它只有作用于业务才能间接为企业创造价值。恳切地说，财务分析如果不能帮助业务改进运营，它就是形象工程，于管理而言毫无意义。

特别强调一点，如果财务分析仅仅是改进了财务工作，那么财务分析就是财务部门自娱自乐。很多集团公司的财务分析工作是由集团 CFO 给子公司 CFO 布置作业，作业根本不会落实到业务层面，因为没有业务人员参加，财务分析工作等于只在财务体系内空转。

2.走进业务，探究业务

财务人员如果对业务不了解，就无法定位异常数据背后的业务原因。怎么办呢？这就需要财务人员求助于业务人员。倘若业务人员没有时间配合或者不愿意配合，那么财务人员不妨主动走进业务、探究业务。

财务人员如何才能顺利地走进业务呢？财务人员需要让业务人员明白，财务分析这项工作能为业务拓展、业务改进出力，能给业务人员提供决策支持，财务分析本身是让业务受益的事情。这样说明后，相信业务人员会愿意配合财务人员完成财务分析工作。

事情往往都具有双向性，财务人员参与财务分析工作，既需要懂业务，也可借此实现懂业务。

3. 找出数字背后的业务故事

我们要通过财务分析找出数字背后的业务故事，唯有读懂它，方可解析它，把定位问题变成解决问题，把推脱责任变成分派任务。

例如，企业人工成本增加了，原因不一而足，如人员工资福利太高、多发了奖金、人员冗余等，都会导致人工成本增加。具体到 A 公司，人工成本增加则是人员冗余这个原因导致的。

如何把定位问题变成解决问题呢？ A 公司人工成本增加的问题定位清楚了，接下来要做的是解决它。财务部可以提供几个解决问题的思路：内部转岗，把相关人员转到有需求的部门；年龄大的人员可以提前退休；不合格的人员可以辞退。

如何把推脱责任变成分派任务呢？例如，A 公司产品销售收入下降了，财务部认为市场销售部工作不力；市场总监认为产品卖不动是定价太高造成的；定价部门认为产品成本太高，才导致定价高；生产部门认为材料采购价格高、人工成本高才导致了产品成本高……几个部门相互指责，这就是推脱责任的表现。

分派任务的做法是，不急于追究责任，先找出底层原因。A 公司销售收入下降，表层原因是产品比竞争对手的贵，而定价高是成本居高不下造成的，成本高就是底层原因。原因找到了，接下来要找到降成本的办法：

首先，降人工成本不能莽撞地给工人降低工资，要设法提高人均生产效率；

其次，降低材料成本可考虑批量采购、货比三家、原材料替代方案等；

最后，降低制造费用的思路是提高机器的生产效率，引进更好的生产设备。

方法明确后，便可以责成相关部门拿出行动方案了，这样做就是分派任务思维。做到了以上三点，再按月或按季度往复闭环作业，就可以实现从财务分析到经营分析的蜕变，让财务分析真正成为企业经营管理的工具。

四、财务分析报告常见的问题

财务人员在做完财务分析后，一般会以 PPT 或 Word 文本报告的形式呈交给相关阅读者。本书对财务分析报告中经常出现的问题做了梳理，归纳起来主要有以下九点。

1. 把报告写成了下级对上级的述职

财务分析应该成为企业管理的工具。作为工具，财务分析应立足于财务数据，揭示企业存在的问题，分析问题产生的原因，并提出有针对性的解决方案。如果异位，把财务分析演变成下级对上级的述职，财务分析报告将会变味，分析问题会变成寻找客观理由，解决问题会变成推诿责任。述职的惯常操作是阐述自身的业绩，目的是得到上级的肯定和表扬。这种写作方式必然会让财务分析报告成为表功道具。

2. 机械地套用模板

模板化最突出的优势是把成熟思维的结果作为集体意识贯彻下去，让大家都省时省力。不少集团公司都制作了成熟的财务分析模板，并下发给分子公司使用。模板是基于共性制作的，各分子公司毕竟有自身的经营特点，分子公司机械地套用模板将无法揭示出自身个性化的问题。因此，在借助模板编写财务分析报告时，财务人员需结合本企业的实际情况进行。

3. 把握不住重点，没能揭示出主要问题

企业一段时间内都会有其最突出（根本）的问题，它如同企业的病灶，会引来诸多的不良反应或其他疾病。我们在做财务分析时，一定要避免"头疼医头、脚疼医脚"的短视思维。

如同一个人得了病毒性感冒，症状有流鼻涕、发烧、咳嗽、打喷嚏、睁不开眼，但是最关键的问题是发烧，烧退了，病情就会好很多。

成功的财务分析需要找出企业最根本的问题。

例如，企业整体利润水平下降，导致利润下降的原因可能是收入规模下降、成本费用升高、资产减值准备计提增加等。抽丝剥茧后，发现最根本的问题是产品质量不过关。因为产品质量不过关，导致客户不购买企业的产品，

又因销售收入下降，造成企业利润下降。另外，因产品质量不过关，销售人员卖不动产品，导致企业招聘了更多的市场人员去推广产品，这又造成了人工成本、差旅费、广告宣传费等费用的增加，结果进一步导致企业利润水平下降。也是由于产品质量不过关，客户后期不再支付货款，造成了应收账款增加，最终计提的坏账准备增加，这也导致了企业利润下降。

收入规模下降、成本费用升高、资产减值准备计提增加都是导致企业整体利润下降的原因，然而最核心的原因是产品质量不过关，这一原因等于是各种"病症"的源头。因此，相关人员在做财务分析、出具解决方案时，应围绕这一源头进行。

财务分析如果不能把握最核心的问题，所做的分析都将是肤浅的，甚至会误导方向。一份合格的财务分析报告一定要做到：透过数字表象找出问题症结。

4. 问题与专项分析不能呼应

一旦揭示出企业最根本的问题，就需要对此问题进行专项、深入的分析。

首尾呼应，会让财务分析报告富有逻辑性。例如，财务分析报告揭示出企业超长期的应收账款很多，那么在专项分析部分，就要重点讲解应收账款的催收政策、企业的信用政策及对客户的信用评级等。这是问题与解决问题手段的对应。

如同写一篇文章，在前面埋下了伏笔，后面就要有呼应。再例如，财务分析报告揭示出企业资金链紧张是由于应收账款过度膨胀造成的，在后面的专项分析部分，就应重点阐述如何限制应收账款增加，如何清理前期遗留的应收账款，如何制定赊销政策及对客户进行信用评级。这种前后呼应、首尾衔接的编写方式，能够体现出财务分析报告的层次感。

如果揭示出的问题与专项分析风马牛不相及，那么做出的财务分析必然会与业务实质两张皮。

5. 就数字论数字

简单的数据罗列称不上是分析，因为我们看不出数字变动的因果关系。

例如，财务分析报告中指出企业利润率下降了20%，原因是什么呢？报告中写"因销售收入下降了10%，管理费用增加了20%，销售费用增加了15%，导致利润率下降了20%"。这样的分析就是典型的就数字论数字，意义不大，因为我们还是不知道底层原因是什么。不能挖掘出深层次的业务问题，这样的分析是浅层次的。

把数据背后的具体原因找出来，财务分析报告会更打动人。例如，利润率下降的原因是，"华南地区销售受阻，导致销量降低了10%，毛利降低了××万元；写字楼租金上涨了××万元，导致管理费用增加了20%；由于华南市场广告投入增加了××万元，导致销售费用增加了15%，这几个原因最终导致利润率降低了20%。"

这样编写，阅读财务分析报告的企业领导就能够看出利润率下降是由三个具体原因造成的，接下来其就该想办法解决这三个问题了。具体措施可以是，"加大产品的推广力度，打开华南市场；减少人均办公面积，搬迁办公地址；减少市场广告投入，改用其他更廉价的推广方式来加强宣传，等等。"

6. 定性描述多, 定量分析少

财务分析报告要**多用数学, 少用语文; 多定量, 少定性**。财务分析报告如果不能量化形象, 分析结论的可信度会下降许多。

例如, 财务分析报告有如下描述, "因为市场竞争加剧, 企业收入大幅下降, 利润大幅下降。" 这就是定性描述, 这样的分析结论不能给企业的决策提供帮助, 其可信度也要打问号。

"量化"二字, 不仅是财务核算精准的体现, 也是财务人员深入理解业务的体现。问题是, 很多时候量化数据影响并不容易, 有的数据不易取得。这或许是很多财务分析报告定性描述偏多的原因。

数据影响不易量化的原因是什么呢? 主要有以下几点:

第一, 没有多期历史数据积累;

第二, 数据核算颗粒度太粗放, 没有分细了核算;

第三, 核算维度没有预先做出设计, 如产品维度、客户维度、地区维度、项目维度等, 即使这些维度细分了数据, 分维度量化影响也很难做到;

第四, 企业组织架构发生了调整。

7. 任务令表述不清晰，改进措施不明确

分析清楚问题产生的原因后，就需要提出解决思路了。如果能在分析报告中让解决问题的思想落地，这等于把财务分析推上了经营分析的高度。既然是期望解决问题，责任就要落实到人，要有明确的解决措施，要有完成任务的时间节点。财务分析最终是为了达成行动，分析报告结尾之处加上任务令是必需的。

例如，某份财务分析报告结尾写了这样一则任务令："加强市场推广，责任人为销售部全体人员。"对此，你有什么感觉呢？这种任务令毫无约束力，加强市场推广的手段太笼统，没有可操作性，责任人也不明确，集体负责等于无人负责。

让解决问题的思想落地实操，这是财务分析向经营分析升华的关键。可执行的任务令应做到措施就是行动方案。期望解决问题，一要有明确的解决措施，二要有明确的责任人，三要有完成任务的时间节点。

例如，上述任务令可改为"在当地电视台投放 ×× 分钟的广告，每月选择一个万人社区进行一次路演，责任人是张某、李某、王某，张某负责电视台广告对接，李某

和王某每周替换负责万人社区路演推广，每个月的第二周进行相关汇报"。可执行的任务令应是一份行动方案的概要，这样的任务令才是有价值的。

8. 预测的准确性差

预算与预测有何差别？先看它们的相同点，二者都是对未来的估量。从这个角度看，它俩是一样的，可通用。区别在于，预算与预测做出的时间点是不一样的。预算往往在一项经济业务开展之前就要做出，它是零起点。预测则不同，它是在经济事项已开展一段时间后再做出，是半路出家。预测也可看作是半实际、半预算。

在谈及华为公司的财务预测工作时，任正非曾表示，预测是管理的灵魂。财务以会计核算来指导业务，属于事后指导；用财务预测来指导业务，则属于事前指导。事前指导可以优化企业的资源配置，但需要实现较高的预测准确性。

准确的预测有助于企业做出正确的决策，其目的在于提高经营管理的前瞻性、优化资源配置结构、不断调整经营方向及预见并规避风险。

财务预测往往与财务分析、经营分析同步进行。先有分析，后有预测。例如，财务分析报告在结尾处往往要对全年的经营指标结果进行预测。理论上，如果财务分析找出的问题是恰当的，提出的解决措施建议是务实可行的，后面的预测就应该是准确的。

财务预测准确与否，会影响企业后续的资源配置。例如，财务分析报告预测企业下季度销售收入将增长 30%，如果企业据此来安排采购和生产，一旦预测失实，企业极有可能为此蒙受损失。

很多财务人员都对做财务预测感到恐惧，认为预测就是瞎测，总觉得把预测做准很困难。这主要是因为缺乏做准预测的基础。

预测要想做准确，财务人员必须对企业的财务现状与业务现状有充分的了解，预测工作可以作为联系财务与业务工作的桥梁。在进行财务分析时，财务人员先要把数据背后的业务原因吃透，进而提出相应的改进措施，基于此预测才可能准确。从这一角度讲，预测是检验财务分析质量的标尺。

9. 前后期任务令无闭环

闭环是管理的精要所在。闭环是什么，是检查，是落实奖惩。没有闭环，没有追责追究，下达任务令就不会有严肃性。

财务分析应该是持续进行的，按月度或季度完成。这就要求前后月度或季度的财务分析报告相互呼应，特别是上一期的任务令在本期要有验收。是否都完成了，为何有的没有完成，未完成的本期是否需要继续推动，这些都应该在财务分析报告中体现。如果财务分析报告对此不做要求，责任落实可能就是一句空话。如果财务分析不能改进工作，不能成为管理的工具，那么财务分析报告将成为财务人员自说自话，从而丧失应有的价值。

五、高质量财务分析报告应具备的特征

总体来说，一份高质量的财务分析报告应具备以下特征，如表 6-1 所示。

表 6-1 高质量财务分析报告应具备的特征

	特征	说明
1	重在有用	财务人员不要过分追求财务分析报告的形式，无论形式有多好、投入的时间有多长，最重要的还是"有用"。无用的财务分析报告只会增加企业无效的成本。财务分析应作为企业的管理工具，它应揭示企业存在的问题，分析原因并提出解决方案。从这一角度来说，财务分析是自曝其短的过程
2	客户导向	抓住主要需求，不要过分追求全面。阅读财务分析报告的人就是财务分析报告服务的客户，如CFO、CEO。我们在写财务分析报告时，一定要把握住客户的需求点，而不用面面俱到。例如，对于 CEO 而言，其最关注的是 KPI 的完成情况。因此，财务分析报告要先满足 CEO 的这项需求，针对其需求完成分析
3	精简	开门见山列出结论。财务分析报告内容太多，篇幅太长，对阅读者而言是种负担
4	深挖业务底层原因	财务分析报告要与业务相结合，深挖业务底层原因
5	不给业务部门造成过大的压力	财务人员千万不要因为自己的需求而给业务人员增加工作压力，业务人员的责任是打拼市场，不要把太多表格填写工作交给他们做
6	模板作业，个性解读	财务分析报告既要有共性的东西，也要有个性的特点
7	结尾加上任务令	说不如做，说得再好，不行动也没用，财务分析的最终目的是促成行动，这就是财务分析报告要加上任务令的原因
8	由了解企业与业务的人员负责分析	不理解业务的财务人员写不出高质量的财务分析报告。财务分析报告有三个层次：做检查、下诊断、开处方。要做到第三个层次，需要财务人员了解企业的业务模式并融入业务

07

第七章

业财融合是做好财务
分析的保证

　　财务人员向管理会计转型以及业财融合，现在已成为热门话题。可以这样说，业财融合是财务人员实现自身更高价值的需要，也是财务人员更好地服务业务的需要。财务人员不懂业务，做财务分析时就不可能深入到业务层面去。财务分析要想升华为经营分析，需要财务人员自觉地融入业务，站在业务的角度说业务人员能听懂、能理解的话。

一、工作与思维方式的双层转变

　　财务工作既有服务职能，又有监督职能。对此，财务人员要做到工作与思维方式的双层转变。

1. 财务如何平衡监督职能与服务职能

　　财务工作要服务业务，也要监督业务。服务与监督在很大程度上是对立的，过度强调监督，可能会把业务逼上梁山；一味地强调服务，放纵业务的随意性，又可能加剧企业风险。

如何化解这一难题呢？

站在会计人的角度，不宜戴着有色眼镜同步履行这两项职能，一味地强调风控，总是挑错，难免会和业务把关系搞僵。如果会计人履职时将挑错思维转换为指路思维，承认现实窘境的同时帮助业务合规，财务工作就容易获得业务的尊重。能做到这点，等于财务服务与财务监督由对立变为了统一。

站在企业部门职责分工的角度，不妨把财务部门的职责一分为二，把会计核算与财务管理职能分开。会计核算履行监督职能，财务管理履行服务职能。这样就能够在流程上解决一人担两责的难题。

例如，华为的账务管理部就是完全独立于业务的，负责账务处理的各财务共享服务中心为了确保独立性，只需向账务管理部汇报，与区域业务及财经管理属于业务往来关系。用任正非的话说，"全球统一的会计核算和审计监控是长江的'两道堤坝'，只有这两道堤坝足够坚固，财经管理职能才能从容有效的开展。"具体如图 7-1 所示。

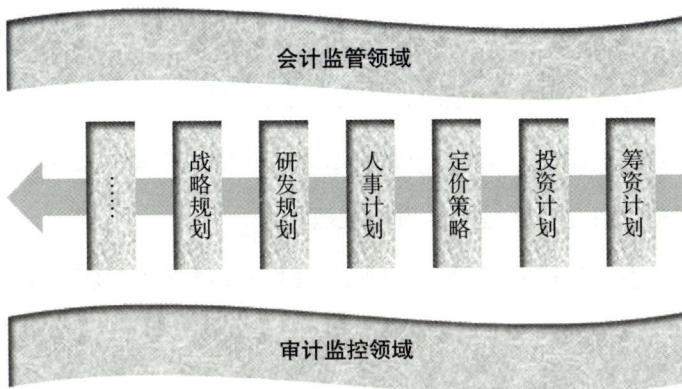

图 7-1　坚固的"两道堤坝"

　　大型集团公司组建财务共享服务中心的本质是总部把分子公司的账权收上来，加强监管。财务共享服务中心建立后，会计核算将完全独立于业务，会计与财务的职能则完全切割。届时，会计侧重监督，财务侧重服务。

　　财务工作不好干，很大程度上是因为财务工作需要同时履行服务职能与监督职能。服务与监督本是对立的，把对立的矛盾统一起来需要极高的智慧与情商，能做到这一点是非常不容易的。如果财务工作把核算会计与管理会计截然分开，无异于把财务的监督职能与服务职能完全剥离，那么困扰财务人员的难题就有望得到解决。

2. 财务如何践行客户导向

财务践行客户导向，一方面要做好常规服务；另一方面要换位思考，对业务可能出现的例外问题及突发问题要预先谋划、特事特办、事后规范。

华为公司财经管理部曾要求财经人员接受问题咨询时做到"首问负责制"。邮件发给谁，电话打给谁，就由谁负责解答，即便问题不在自己的职责范围内，也要做出回应。例如，对于业务人员提出的问题，财务人员答不上来时有两种处理方式：一是咨询其他人，找出答案后告诉业务人员；二是告诉业务人员谁能解答这个问题，并做好对接。首问负责制的精髓是财务人员要主动化解业务人员碰到的难题。

甩锅容易背锅难，为业务担责与分责意味着财务要承担更大的压力与更多的工作。财务人员不是铁打的，要想工作优质高效，就要想办法为自己释压，华为公司的方法是让复杂的工作实现人工智能化。

3. 判断财务人员是否真正"懂业务"

我们一再强调，财务如果不懂业务，只能提供低价值的会计服务。基于事后的财务服务价值都是有限的。如果财务人员希望提升价值，就需要把自己的工作融入业务当中。

财务要懂业务，这是一句定性的话。我们该如何评价财务是否懂业务呢？财务懂业务要懂到什么程度呢？

华为财经对财务人员提出了"五懂"的要求：懂项目、懂合同、懂产品、懂会计、懂绩效。这"五懂"除了"懂会计"，其他"四懂"都与业务息息相关。财务人员若能做到这"五懂"，则非常不容易，说明其已经蜕变为一名经营管理者了。

华为公司对财务人员的"五懂"要求放到其他企业财务人员身上也是成立的，这"五懂"也可视作财务人员是否真懂业务的衡量标准。

4. 对财务人员的要求

对财务人员的要求，任正非提到过四点：融入业务，提升价值；渴望进步，渴望成长；积累项目管理经验；达到 CEO 素养。

（1）融入业务，提升价值

什么是低价值的会计服务？很多人可能会说："不就是会计记账吗！"会计核算是事后的记录，简单重复，会计核算岗位的可替代性很强。会计记账在未来可能变得越来越简单。甚至有人预测，人工智能兴起后会计记账有可能由系统自动完成，不需要会计人员动手了。

如果会计人员希望提升价值，就需要转型，实现由核算型会计向管理会计的转变，即会计工作要为经营管理服务，为业务服务，为一线作战服务。

（2）渴望进步，渴望成长

这一要求对任何职业的从业者都适用，但对财务人员可能要更强烈一些。财务会计工作时时刻刻都处在变化之中，制度在变，准则在变，税法在变，在变化的过程中需要财务人员不断学习，不断调整，不断适应。财务人员对于专业知识的学习需要持续终身。

然而，仅学习财会专业知识就够了吗？显然不够。要实现由财务会计向管理会计转型，我们还要学习业务知识、市场知识、管理知识、产品知识……学习应该是主动的，这些学习一方面是为了开阔视野，另一方面是为了融入业务。

（3）积累项目管理经验

华为公司非常看重项目管理经验。对于华为这样的大集团公司来说，其财务分工非常细，每个岗位所接触的工作几乎都是片段式的。片段式的工作虽然容易做精，但很难窥探财务工作的全貌。若想对财务工作的全貌有所了解，财务人员最好能完整地参与一个项目，这能让财务人员在最短的时间内了解企业的业务运作。因为，一个项目周期基本能体现出企业业务运作的全过程。

参与项目管理，能培养财务人员的全局视野，让财务人员站在新的高度俯视企业业务运行的全貌。

（4）达到 CEO 素养

这项要求在欧美企业司空见惯。欧美企业强调制度与流程控制，其有个说法，CFO 是 CEO 最有力的接班人选。CFO 站在业务的最后端，能够俯瞰企业管理的全貌，欧美企业认为 CFO 接替 CEO 是顺理成章的。

然而，对于 CFO 来说，如果拘泥于专业技能，缺少统筹全局的智慧，那么在制度缺乏权威性的情况下，CFO 接任 CEO 有明显的短板。任正非提出 CFO 随时接替 CEO，一方面要求华为公司的 CFO 要具备 CEO 的潜质，另一方面有对华为公司制度与内控的自信。

二、业财融合，就是财务要懂业务吗

何谓业财融合？顾名思义，就是财务与业务融合。对于业财融合，我们有个常见的认识误区，以为业财融合就是财务要靠近业务，要单方面主动与业务融合，这实际上是苛求财务了。业财融合是双向的融合，财务要靠近业务，业务也要靠近财务。只单向对财务提要求，实际上达不到业财融合的目的。

1. 业财融合是财务与业务的双向融合

华为公司要求业务干部应是半个财务专家。一是在财务知识掌握上，不求精细，泛泛理解即可；二是侧重于理解财务管理方面的知识，无须纠结于具体的会计处理；三是对会计知识懂得解码，无须会编码。在华为公司工作期间，我听过业务领导讲的会计课，非常精彩，其对会计的理解甚至比财务人员更透彻。

搞清楚了这一点，就不难理解华为公司实行的财务干部与业务干部双向交流制度了。华为公司开展了财经和业务干部的岗位互换及通融，对于 CFO 的选拔，任正非明确指出，"将来我们平台 CFO 的来源，要么是精通财务的人员懂业务，要么是精通业务的人员懂财务，就从这两种人中选拔。"

财务工作之难不在专业技能上，在大型企业集团，业务干部转做财务的不少，但财务干部转做业务的却不多见。

2. 如何实现业财融合

既然业财融合是双向融合，接下来就给大家讲一讲如何实现业财融合。

站在财务的角度，首先，要做到流程上财务可视，财务人员要有说话的机会；其次，财务人员要参与到业务流程中去，了解合同、了解产品、了解客户，知道该说什么。

站在业务的角度，要时刻树立利润与现金流至上的理念，能正确理解财务结果导向，识别财务风险。

业财融合是企业层面管理理念的融合，如果只把这一要求压在财务部门和财务人员头上，那么将难以起到真正的作用；只有同时对业务与财务提出融合要求，才能较好地实现业财互信与理解。以此为基础，业财融合才有可能实现。

三、财务要坚信实践出真知

财务工作是学历出真知、考证出真知，还是实践出真知？我觉得后者居多。财务工作的为难之处不在于财务人员知识匮乏，知识不足，一问即知，多学即明。财务理论上的难题几乎不是财务工作的障碍，财务工作的难点在于如何平衡规则与风险，突破各种束缚成事。

把财务工作做好，圆满完成任务，是财务人员的价值所在。把理论上行不通的事走通，需要财务人员及时转换思路，学会变通。要达成这一点，没有实践是不行的。

例如，生产手机的企业在员工生日时送给员工一部手机，财务该如何处理呢？你的答案是做福利费、视同销售吗？如果这样处理，企业需要交增值税，员工需要交个税。

换个思路，如果只把手机使用权给员工，所有权依旧归企业，员工就不需要交个税了。如果把最新款、未上市的手机给员工，企业将之作为研发测试机处理，不仅员工不需要交个税，企业也无需视同销售。

我们从学校获得的是知识，从实践中获得的是真知。知识与真知的差别是什么呢？前者是教条，后者是战术。从实践中悟出的真知，是学校难以教给我们的，开拓思维是一种能力，是从实践中学习提高的能力。财务人员的职位越往上走，越需要具备这种能力。

四、会计工作的新前景：管理会计

曾有读者问我："作为一名刚刚毕业步入职场的新人，我平时的工作主要是一些基础会计核算，每天做这些重复性的工作，我不知道能给别人带来什么，想不明白这些工作的意义何在？"很明显，这位读者对简单重复的会计核算工作充满了抱怨。

IT 技术一直都在深刻地影响着会计。我记得 20 多年前，会计记账还是手工账时代，那时会计人员最担心的就是月末结账，做不平账是常事，能快速找出财务报表不平原因的会计就是财务部的骨干。当会计电算化出现后，烦琐的总分类账、明细账不再需要会计人员手工登记，月末结账只需点一下按钮即可。账不可能做不平了，多少老会计引以为傲的技能没了用武之地。网银出现后，出纳的大部分工作转移到了网络。财务共享服务中心建立后，人工智能预计会取代人执行会计核算，企业至少可以减少 70% 的会计人员。

说起来让人有些心酸，IT 技术的进步让会计核算变得轻松，也让会计工作一步步走向消亡。随着人工智能逐渐渗透会计领域，上千万会计人员该何去何从？低价值的会计服务不仅没了前途，甚至可能会不复存在，转型无疑是最基本的要求。

如何转型，会计人员未必清楚。最近许多人在讨论管理会计，认为管理会计前景看好，财务会计必将式微。所谓财务会计，就是指做凭证、出报表的核算会计。此外的会计职能差不多都可归到管理会计的范畴。我并不赞成生硬地把会计工作分割为财务会计与管理会计的说法。财务会计与管理会计是企业财务工作的一体两面，不宜割裂而论高下。会计人员在企业的工作大多是二者兼具，只是各有侧重。

　　绝大多数会计人员的职业发展都是从会计核算起步的。一方面，从基础性工作做起可以积累经验，更深入地理解会计工作的方方面面，培养自己的职业敏感性；另一方面，从简单工作做起，让自己的小成绩得到领导的认可，领导才会放心安排你做更重要的工作，才能获得进步的机会。

　　不可否认，会计核算工作在一点点没落与边缘化。作为一名会计人员，要勇于接受变革，走进业务，跳出会计看会计，向管理会计转型。

五、如何实现向管理会计转型

　　会计人员转型，既可能是会计人员主动为之，也可能是人工智能迫使会计人员被动而为之。如何转型，大多数会计人员未必清楚。华为公司曾给财经人员提出过三个转型要求，如图 7-2 所示。

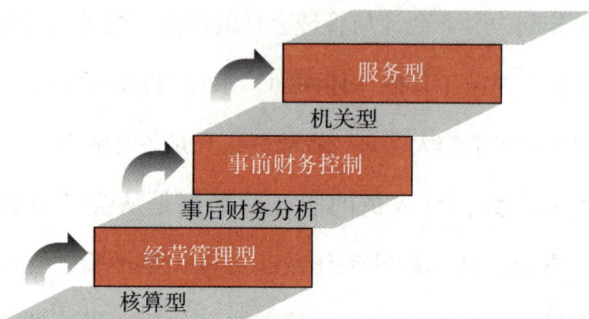

图 7-2　华为公司向财经人员提出的三个转型要求

1. 由核算型向经营管理型转型

对于创造性的工作、非规律性的工作，人工智能不能胜任，这需要人的智力投入。经营管理会计就是带有原创性质的会计工作，这将是未来财务工作的主阵地。要守住这方阵地，就需要会计人员主动融入业务，能够帮助企业改进业务、改进经营。

2. 由事后财务分析向事前财务控制转型

魏王问扁鹊，你兄弟三人谁医术最高？扁鹊答："长兄医术最高，中兄次之，我最差。"魏王再问："为何你最出名？"扁鹊答："长兄治病于发作前，人们不知他事先能铲除病因；中兄治病于初起时，人们以为他只能治小病；我治病于危重时，人们误以为我医术高明！"

这个故事给了财务人员一个启示，财务工作的重心要由事后向事前转移。

财务工作不要总是专注于事后解决问题。即便做得好，也只是给人以亡羊补牢的感觉。如果能设法避免羊丢失，不是更好吗？通过事前的有效预防，避免问题发生，代价会远低于事后解决问题。借助内控与制度流程建设，通过事先的筹划与预测，别让问题冒头，这是成本最小的管理方式，也是管理会计的精髓所在。

3. 工作作风由机关型向服务型转型

财务部在业务人员的眼里是后台部门，是"机关"，很容易与业务起冲突。发生冲突时，财务或许有理，但会让人产生反感。真的无法避免冲突吗？财务对争议事项有无事先说明、有无培训宣贯、有无例外通道，这都能看出财务是否具有服务意识。

六、客户导向是财务工作的出发点

很多企业都把客户视为"衣食父母"，把客户看得很重要。

客户导向可以表现在工作的方方面面，高性价比的产品如此，优质的服务如此，企业前端的研发也应如此。企业研发不同于科学研究，它瞄准的是市场，最好的技术不见得有市场，落后的技术不见得没有市场。如果以自我为中心，研发行为会一味地寻求创新与突破，仅让个人才华得到充分展现。如果研发坚持以客户为导向，就应该抛开技术至上的观点，重点只研究客户最喜欢、最需要的技术。

财务工作很少直接面向客户，该如何体现客户导向呢？这里要注意，我们不要狭隘地理解客户这个概念，外部客户是客户，内部客户也是客户。财务工作服务的对象更多的是内部客户。

业务部门就是财务工作最主要的内部客户。我们前面讲过，财务工作一般不能直接为企业创造价值，其价值需要通过业务来体现。因此，财务人员要具备服务意识，主动做到为经营服务，为一线服务，为作战服务。

任正非曾提出财务服务要实现高铁化，让客户感受到的永远是简便、快捷。财务服务要方便业务，把复杂的程序和工作留给自己，然后通过自身努力把复杂工作人工智能化，进一步解放自己。通俗地讲，财务服务应该是"润物细无声"的，时刻都在为业务服务，为业务拓展保驾护航，却又让业务感受不到服务的存在。

财务服务高铁化，这是非常形象的表达，我们不妨将之视为财务工作客户导向的评价原则。

08

第八章

财务预算、绩效考核与财务分析

　　财务预算、绩效考核、财务分析是"三位一体"的财务管理工具，这三者年复一年地贯穿于企业财务管理的过程中。财务预算是源头，有了它，一方面让绩效考核有了抓手，可以确定 KPI 要达到的目标；另一方面让财务分析有了对标的依据，据此可以对实际财务状况的优劣进行评比判断，方便经营纠偏。反过来也可以这样理解，绩效考核为预算目标的达成提供了手段保证，财务分析为预算目标的达成提供了方法保证。把财务预算、绩效考核、财务分析这三个工具结合起来使用，三者都容易发挥作用；将之割裂开来，画虎类犬，很可能都会搞成形式主义。

一、预算为什么做不准

　　很多财务人员总在为预算做不准而苦恼。实务中，预算做不准是常态，做准了是偶然。

1. 预算做不准的原因

预算为什么做不准，主要有战略方面的原因、市场方面的原因及运营方面的原因等。具体表现如下所述。

第一，企业战略不清，计划不明，朝令夕改。

计划是战略的分解，预算是计划的量化。如果源头的战略与计划不清晰，随时调整，处于后端的预算只能随之变化。企业战略不清，计划不明，要把预算做清晰几乎是不可能。

第二，企业开展了新的业务。

在产品刚刚推出时，由于缺乏历史数据参考，市场处于开拓阶段，因此想做准预算是非常难的。对于新成立的企业、开发出新产品的企业、开拓新市场的企业，编制预算时一般都会面临这样的状况。

华为公司当年研发 CC08 万门机时，很多人都觉得没必要，认为两千门交换机就足够了，万门机很可能卖不出去。但负责人表示，"你们尽管开发，开发出来，我保证帮你们卖掉十台"，以此鼓励研发人员。结果，研发出的万门机岂止卖了十台，其卖了成千上万台。

第三，市场格局出现大的起落，但事先没能预测出这种趋势。

任正非对预测十分看重，他强调预测是管理之魂。如果管理者对市场走势的预测误判了，必然会制定出不切实际的经营计划，后面的预算自然也会被带偏。

例如，某知名品牌手机的衰落就源于对智能手机市场的误判。其没有在产品上更新换代，固守原有的产品形态，导致该品牌被消费者抛弃了。

第四，关键财务数据由不了解"下情"的上级拍板定夺。

预算制定是自上而下与自下而上的博弈过程，有些企业的预算编制以自上而下为主，这意味着预算会根据上级拍板的大数分解编制。如果上级不了解"下情"，拍板的数据严重脱离实际，后面预算不准就是必然的。

以某电信运营商为例，其2014年确定的移动用户新增目标为1.2亿户。但凡对电信市场有所了解，即可知这一目标是脱离实际的。实际情况如何呢？该集团2014年累计净增移动用户仅4万户。

第五，经营层有意打埋伏。

主要的预算数据往往会被作为 KPI 指标，被考核的一方自然希望目标能定得低一些。因为信息不对称，经营层在填报预算时会刻意少填报产出类指标，如收入、回款、利润，多填报支出类指标，如成本、费用、采购。如果上级对"下情"不了解，预算会趋于宽松。

任正非谈及某项目预算时曾说："我曾听过一个项目汇报，汇报人一开始说亏损 5 000 万元，后来又说亏损 3 000 万元，最后干脆说不亏损了。我也不知道到底哪句是真的，哪句是假的。这说明在我们的财经管理上，还有极大的空间。"

真实情况当然是"不亏损"，那前面的汇报为何是亏损 5 000 万元和 3 000 万元呢？很可能就是项目负责人在编制项目成本预算时预判不准，报高了。

2. 预算不准怎么破

首先，企业要界定清晰的发展思路，围绕这一发展思路前行。企业在经营中要杜绝这山望着那山高、盲目搞多元化的投机心态。

其次，对市场趋势拿不准时，可建立弹性预算，收入预算随市场变动，成本费用预算随收入变动。企业应分别按乐观、稳健、悲观三种预估编制预算，根据市场实际情况选择其中一种执行。

再次，抓住预算最核心的方面，重点解决。企业在不同阶段的经营规律和管理特点是不同的，预算编制不能脱离企业的发展阶段。对任何人来说，把各种经营情境下的预算都做准是不现实的，计划赶不上变化的情形会一直客观存在。

企业发展阶段不同，预算编制的侧重点应不同：

创业期，侧重资本预算，活下来是最关键的；

市场拓展期，侧重销售预算，全力抢占市场，加大对市场的资源配置；

平稳期，侧重成本预算，此时市场格局稳定，企业应追求精益管理，实现成本领先；

衰退期，侧重现金流量预算，此时需要收缩战线，回笼资金。

　　预算做不准，很可能是预算负责人对预算准不准的认识存在误区。把预算做准，只需把握住企业特定阶段的经营规律，在关键方面把预算做准就行了。

　　最后，将预算纳入 KPI 考核，维护预算的权威性。

二、预算的起点未必是销售

　　预算的起点是什么？很多人立马会说是销售，教材中也是这样写的。以销售为起点编制预算的优点很明显，如以销定产，避免出现存货积压；量入为出，合理安排资金使用。但是，这一预算模式也有不足，如果销量不均衡，会造成生产预算不均衡，不利于降低生产成本；可能出现产品过度开发、过度营销、资源过度向营销倾斜的问题。

　　一般而言，以销售为起点编制预算适用于处于成长期的企业或者有稳定市场需求的企业。但要知道，企业所处的发展阶段并不全然这么理想。例如，有的企业可能还没有做出产品，有的企业的产品没有竞争对手，有的企业已处于衰退阶段，这些情况下销售不是或不再是企业管理的重点，预算的起点也应相应变化。

下面将介绍企业不同发展阶段，不以销售为起点的预算编制模式。

1. 创业型企业的预算起点：资金

对于多数创业型企业而言，资金一直都是困扰。如何在资金告罄之前把产品做出来，把市场打开，这是企业生存的关键。此时编制预算，不要奢谈生产和销售，重中之重是要合理安排资金，确保研发能进行下去，员工工资能发得下来，让企业撑下去。

对于已经做出了产品、尚未打开市场的创业型企业而言，投钱做市场推广是必不可少的市场路径。市场推广究竟投多少钱合适，这取决于以下两个方面：

第一，预期的市场占有率是否能达到；

第二，企业能融到多少资金。

2. 蓝海企业的预算起点：生产

以生产为起点编制预算，本质是以产定销，其优点很明显：能让产能最大化，可降低单位产品成本，进而获得竞争优势；原材料采购可以规模化，提升议价能力，降低采购成本。但也有缺点，一旦市场出现不利变化，产品积压与原材料积压的风险会比较高。

因此，对于处在完全竞争市场的企业，我不推荐以生产为起点编制预算。但若企业的产品特别畅销，或者处于蓝海市场，产品不愁销路，预算不妨以生产为起点编制。

3. 垄断型企业的预算起点：利润

"逐步将居民用水价格调整至不低于成本的水平"，看到这样的新闻标题，不由得感叹作者的文字表达能力，涨价都能说得这么含蓄，小心翼翼地不让居民反感。

对于垄断型企业来说，其没有市场竞争压力，产品也不愁销路。如果销售没有变化（也几乎不会有大幅变化），这类企业的营业收入基本是恒定的，它们的预算编制重心就是成本费用预算。

成本费用具有刚性，压缩的可能性不大，增长的诱惑很多。这样一来，利润空间会被逐步蚕食，但企业总要追求利润，至少不能亏损，这就先确认了利润的大小。等到利润确定之后，剩下的就是倒推收入，倒推定价了。

从这一过程中可以看出，垄断型企业预算的起点是利润。这一预算模式的本质是成本加成定价，其存在弊端，不利于调动企业的积极性挖潜，不利于企业降本增效。

4. 衰退期企业的预算起点：回款

如果企业开始走下坡路了，又没有转型的计划，必然会坐吃山空。此时大概没人会关心企业的生产、销售与利润，这类企业也难以从外部融资，维系企业运转只能依靠资产变现，首先是应收款项变现，其次是变卖资产变现。

处于衰退期的企业，预算编制的起点应该是回款，而且要在尽可能短的时间内回款。企业的运营、清理、激励都需要依靠这些回款，等到企业的资产变现完毕，差不多就要"关门"了。

三、华为公司预算管理的指导思想

当年我应聘华为公司预算管理岗位时，主考官问了我一个"刁钻"的问题，"预算会带来决策上的低效，为什么企业还要做预算呢？"

他的问题旨在考察我对预算作用的理解。预算的几点作用教材上都有写，可我当时记不起来了，又不能不回答问题，于是我打了个比方："当我们来到一个陌生的城市，最好先买一份地图，这份地图不见得能最快速地指引我们到达目的地，但至少方向不会错。预算应该就有这点作用。"

面试结束后，我赶紧把随身带着的《华为基本法》打开，里面真有关于预算的描述。《华为基本法》第八十条写道："全面预算是公司年度全部经营活动的依据，是我们驾驭外部环境的不确定性，减少决策的盲目性和随意性，提高公司整体绩效和管理水平的重要途径。"

实操中，华为公司设立了多级预算控制体系，各责任中心的一切收支都纳入预算。华为公司全面预算的主要任务包括以下五点：

（1）统筹协调各部门的目标和活动；

（2）预计年度经营计划的财务效果和对现金流量的
　　　影响；

（3）优化资源配置；

（4）确定各责任中心的经营责任；

（5）为控制各部门的费用支出和评价各部门的绩效提
供依据。

华为公司预算管理工作做得很扎实，有些预算管理理
念很前卫，做法值得其他企业借鉴。下面为大家解读几点
华为公司预算管理的指导思想。

1. 用压强原则配置资源

预算是资源配置的预演，华为公司资源配置的战略思
想是，不在非战略机会点上消耗战略竞争力量。通过这一
战略思想，我们可以看出华为公司的定力，聚焦主航道，
不为沿途的风景所动。一旦主航道选定后，华为公司会遵
照"压强原则"去投入资源。

所谓压强原则，《华为基本法》中的描述是要么不做，
要做，就极大地集中人力、物力、财力，以超过主要竞争
对手的强度去配置资源，实现重点突破。

压强原则就是资源配置的原则，是华为公司打败竞争
对手的经典策略。这种竞争策略，一方面体现了华为公司
的韧性，一旦选准目标，就要全力以赴，不达预期誓不罢

休；另一方面也反映了竞争的残酷，要想打败对手，就要聚精会神，谋求针尖突破。

2. 计划、预算、核算的体系化建设

华为公司的预算不是单一运作的，而是作为一种管理方法。在华为公司，预算是闭环作业，它要实现计划、预算、预测到核算的闭环管理，服务与控制并行。

华为公司强调计划、预算、核算的体系化建设。计划、预算是牵引，核算是对计划和预算执行情况进行评估与监控，通过公司地区部、代表处各层级计划、预算、核算、考核的闭环运作，实现对作战单元的有效管理。

3. 用规则的确定来应对市场的不确定性

商场如战场，没有一成不变的战场，也没有一成不变的商场。市场是在不断变化的，当市场变化后，预算如果不能随之变化，实际就成了胶柱鼓瑟，不具备可执行性。但是，若预算总变，企业做预算又有什么严肃性呢？

在实操中，有的企业强调预算应根据实际随时调整变化；但也有企业强调预算一旦确定，就不要随意变化，要

维护预算的严肃性。变与不变，似乎都有问题；变与不变，似乎都有道理。

辩证地看，预算应变的是数据，不变的是规则。预算规则一旦确立，就不要随意变化，预算数据则应随着市场的变化而调整。预算数据的确定，应坚持定额预算与弹性预算相结合。简而言之，与市场无关的，实行定额预算；与市场有关的，实行弹性预算。所谓弹性预算，就是随着市场的变化而变化，可以往高了变，也可以往低了变。

企业做预算的精髓是用确定的规则去应对不确定的市场。对于市场的变化、政策的变化，作为个体的企业是难以完全把握的。但企业应该摸索应对市场变化和政策变化的规律，建立可供参考的基线数据库，如人工成本率、变动成本率、材料成本率等。有了清晰的规则，企业就可以根据市场变化调整预算，随时纠偏。

4. 支出预算不拘泥于量入为出

支出预算如何确定？你可能马上会回答："量入为出啊！"这个回答虽然对，但不全对。

量入为出，有先天不足，因为没有分清楚钱应不应该花，只强调有钱就多花，没钱就少花。实际情况是，有钱的时候不一定要多花，没钱的时候未必就少花，关键看钱花得是否合理、有效。

若是成本费用中心，按照量入为出规划支出预算是对的。但利润中心呢，支出可能创造收入，到底该量入为出，还是量出为入，这就有点像先有鸡还是先有蛋的辩论。

《华为基本法》在阐述成本控制的原则时，针对不同的责任中心，分别提出了不同的控制方法。"收入中心和利润中心预算的编制，应按照有利于潜力和效益增长的原则合理确定各项支出水平；成本或费用中心的预算编制，应当贯彻量入为出、厉行节约的方针。"

5. 自上而下，"推销"预算

华为公司的预算编制以自上而下为主，总部根据年度收入目标、利润目标及成本等倒挤出管理费用额度，然后将预算编制原则下发到各地区部，各地区部在接到上级下发的主要经营目标数据后再做分解。

华为公司之所以这样做，一方面有管理上的自信，上级对下级或平台对一线的情况足够了解；另一方面有更高的要求，华为是一家强考核导向的公司，预算目标是比较富有挑战性的。华为公司的收入利润预算目标是如何制定的呢？有个形象的说法："定在天花板的位置，跳起来够得着才行。"

高标准的预算目标，使华为公司各级经营者在承接预算时都具有较大的压力。当然，这种压力会转化为动力，动力会转化为行动力，让经营者直面挑战，最终实现一次次的超越。

四、如何编制年度财务预算

年末时，很多企业都会做年度财务预算。预算到底应该由谁来做呢？大企业一般都会出台专门的预算管理文件，设立专门的预算管理机构——预算委员会，这个委员会的成员包括主任、副主任及众多委员。有些企业的预算委员会就是"虚拟"机构，不管企业预算制度如何规定预算委员会的权限，最终的预算工作还是由财务部门主导和主持。

预算成了财务部门的事，成了财务人员与财务负责人的事，这本没有什么问题，只是有一点要说明，财务负责人主持预算工作，并非就是预算工作的领导者，财务负责人可以是预算工作的组织者、协调者、汇总者，但不能是决策者，也不能包办所有的预算工作。

1. 财务人员的角色定位

财务人员在编制年度财务预算时，需要对接各预算责任单位，和相关人员一起协商、沟通，确定预算规则，指导各预算责任单位按照既定规则填报各自的预算，最后把分部预算汇总形成企业的整体预算。当然，这个流程不会一蹴而就，它伴随着反复的沟通与博弈。

这里要注意一点，各预算责任单位的预算数据出来后，除了本部门认可，还要得到财务部门的认可。针对分部预算，两方均认可后，方可汇总生成企业层面的预算。

企业层面的预算做完后，需要先提交总经理（预算工作负责人）审核，审核通过后再报经董事会批准。在这一系列的核批过程中，若上级领导对预算数据有质疑或予以否定，则需要财务人员与各预算责任单位沟通，重新修订预算数据，直至得到上级领导的认可。

2. 年度财务预算编制的流程

说清了财务人员在年度财务预算编制过程中的角色定位，再来说明预算编制的流程。

大中型企业一般在每年的 10 月中下旬启动下一年度的预算编制工作。要启动这项工作，就少不了召开会议。召开会议的目的有两个：一是把预算工作布置下去；二是统一预算思想，宣贯预算编制方法。

首先，召开下一年度的经营规划会（一般由企业总经理主持），先定好下一年度的经营计划，说清楚该做什么。计划与预算，是有先后顺序的。经营计划在先，财务预算在后。企业应该先把下一年度要做的事（经营计划）确定下来，再针对要做的事去编制预算。把"事"先说清楚了，再定每一事项允许花多少钱，可以动用企业多少人，以及占用企业多少资源。

其次，召开预算启动会（一般由财务负责人主持）。预算启动需要明确以下三件事：

第一，说明预算编制的规则，下发预算模板；

第二，讲清预算模板填报事项；

第三，明确预算填报的截止时间及完成整个预算工作的时间节点。

预算编制工作是有时效性要求的，工作布置下去，一定要有时间节点。各预算责任单位如到期不上报自己的预算，财务人员要及时做出处理，以免预算编制工作拖沓。

3. 预算博弈与资源配置

做预算的过程，既是资源分配的过程，也是抢夺资源的过程。各预算责任单位难免会有私心，编制预算时想着多配置点资源，少分担点责任。这么想也属正常，谁不希望下一年度的考核压力轻一点呢！

企业做预算的目的是把有限的资源配置到最能产生经济效益的地方。预算追求责权利统一（花钱的人自行申请预算，自己对花钱的结果负责），当个人的利益诉求与企业追求经济效益的诉求不统一时，该怎么办？每个人（预算责任单位）都希望自己过得舒服些，但企业要追求最好的经济效益，若个人追求舒服影响到了企业目标的达成，企业则不能让其如愿。

在一定程度上，预算也是对各预算责任单位利益诉求的牵引。在牵引的过程中，少不了讨价还价。讨价还价包括两个方面：

第一，对产出目标讨价还价，各预算责任单位要实现多少收入，要抢占多少市场份额，要完成多少利润，要实现多少回款，总想压得低一点；

第二，对支出目标讨价还价，明年要花多少钱，要用多少人，要占用多少资源，各预算责任单位都想多索取一点。

因此，在编制预算时，企业与各预算责任单位既涉及产出类指标的博弈，也涉及支出类指标的博弈。既然是博弈，就要有退让，通过退让达成均衡，达成共识，最终达成企业上下都能接受的预算目标。

4. 如何确定预算编制的原则

博弈时不好达成预算均衡，或者财务人员不知道均衡的标准是什么，该怎么办？有没有参考依据呢？在编制预算时，财务人员可以先建立参照系，确定编制原则。

（1）针对产出类指标做预算

例如，针对一个利润中心指定的产出类指标做预算，对完成多少收入、多少利润、多少回款，要有一个参照，如历史数据，还要有浮动的原则。

以华为公司为例，华为公司在制定主要产出类指标预算时，会遵循"两个不低于"原则，即来年的增长率不低于企业过去三年的平均增长率，不低于过去一年主要友商（竞争对手）的增长率。"两个不低于"，一是和过去的自己比，二是和竞争对手比。把"两个不低于"作为预算目标，既贴近实际，又具有挑战性。

（2）编制成本费用预算

企业编制成本费用预算的原则有以下两点：

第一，和业务规模挂钩；
第二，向历史水平看齐。

和业务规模挂钩，就是要做弹性预算，这是针对与业务相关的成本费用而言的；向历史水平看齐，则是针对平台性费用而言，它们的发生对业务拓展影响不大。

每个企业都有不同的情况，财务人员可以根据企业实际设定预算原则。预算原则的核心思想是：目标不能轻易实现，也不能永远完不成，要想完成，一定要付出努力。

5. 自上而下与自下而上相结合

预算编制出来后，一般会有"几上几下"的反复。召开经营规划会与预算启动会，把预算工作布置下去，这是自上而下的过程。各责任单位把预算报上来，这是自下而上的过程。财务人员汇总预算后，报送给总经理审核，总经理提出修订要求，这又是自上而下的过程。自上而下与自下而上相结合，目的是保证在预算编制过程中实现有效沟通。

编制年度财务预算，应以自上而下为主，还是以自下而上为主呢？大家通常会认为应该以自下而上为主。因为预算最终需要由下级来执行，下级最了解自己的实际情况，所以上级应该多倾听下级的意见，在此基础上，再做一些平衡和调整。

但我们也要明白，自下而上为主编制预算，有着先天不足——各预算责任单位会基于自身利益考量，在编制预算时趋于保守。财务人员在平衡预算时，一定要考虑到这点；作为上级领导，也应该考虑到这点。因此，财务人员与企业领导都必须了解各预算责任单位的实际业务，否则无法做平衡。

6. 预算分解与目标下达

当预算达成共识后，财务人员需要对预算进行分解，并下发给各预算责任单位去执行。预算分解下发的过程大多有一定的仪式感，往往有签署目标责任状之类的举措。

目标责任状一经签订，各预算责任单位就要据此执行，到时能否完成目标，企业都应兑现奖惩。这样做是为了维护预算工作的严肃性。

至此，年度财务预算编制工作就结束了。但预算工作并未结束，因为编制预算只是预算工作的一环，后面还会有预算执行、预算监控、预算调整、预算分析、预算考核等内容。

五、正确认识 KPI 考核

下面先分享一个关于 KPI 考核的案例。

一年即将结束，最着急的是 F 集团的总裁。F 集团旗下半数子公司亏损，集团的业绩明显受到拖累，难以应付海外总公司的考核。集团总裁办公会开到了晚上 12 点，面对困境，怎么办？ F 集团班子成员想出了如下应对之策。

副总 A 说："子公司亏损的问题不难解决，让盈利的子公司给亏损的子公司输血就行了，虽然大家的利润都少了点，但这样一来，每个子公司就都能实现盈利。"这位副总为什么提出这样一条建议呢？因为海外总部考核各单位，确定了一项 KPI，子公司、孙公司但凡有亏损，按亏损的家数计算，每增加一家扣 2 分。既然亏损单位影响考核得分，F 集团自然要设法"扭亏为盈"，所以这位副总想出了这个办法，以减少亏损单位的家数。

针对集团收入不高，副总 B 说了他的想法：

"我和 K 集团的赵总、M 集团的李总商量过了。把我们一批甲原料卖给 K 集团，K 集团把它的一批乙原料卖给 M 集团，我们再从 M 集团买回一批丙原料。这样转着圈做一做贸易，一圈下来，我们三个集团都可以多实现一些销售收入。反正甲、乙、丙三种原料我们三个集团都需要，这样做也不会造成什么不良后果。"

针对现金流不高的问题，副总 C 想出了办法，他说："让大客户 N 公司给我们打笔款过来，我们把它当作预收账款。预收账款一进来，现金流量表就好看了，预收账款也属于'销售商品、提供劳务收到的现金'。但问题是人家不肯白给，N 公司提了一个要求，下次采购时价格要降 10%。只要我们答应，N 公司的钱立即就能打过来。"

听到这，财务总监着急了。这些方法如果采用了，势必会影响收入，损害企业的利润，需要年年补窟窿。

这时副总 D 抢着说："我们集团不是在繁华路段还有两套房吗？赶紧出手，应该能赚不少。"

这位副总说的是实情，在一些一线城市，繁华路段的一套房有可能卖到上千万元，转让两套房，甚至能实现一两千万元的收入。这样一来，F集团就有可能扭亏为盈。

听完班子成员们的这些办法，F集团的总裁高兴了，他笑着对大家说："这样一来，今年我们集团能全面完成上级下达的KPI了！"

针对这个案例，如果F集团按照这些办法施行，其KPI或许能顺利达成。只是这样达成的KPI，F集团的经营班子成员或许能获利，但对F集团不一定有利。

这个案例说明，如果KPI设计不合理、考核评分细则有瑕疵，有考核甚至比没有考核还要糟糕。KPI考核不合理，出于应付考核的目的，被考核人的短期行为几乎不可避免。这些短期行为会损害企业的长远利益。

我们回过头来审视F集团经营班子成员为应付KPI考核想的那些"点子"，是否有办法对其进行约束呢？

首先，针对子公司亏损，副总A提出的方法是子公司间相互输血。海外总部给F集团下发 KPI 的时候，加上一个备注就可以堵住这种歪操作，对子公司利润的考核先剔除关联交易的影响及非经常性损益的影响数。只要加上了这一备注，子公司相互输血的做法就不好用了。对集团利润的考核，道理也是如此，也建议先剔除关联交易及非经常项目实现的利润后再去考核，重点考核营业利润。

其次，关于做大收入，副总 B 提出的方法是做一些原料贸易。在考核收入的时候，建议把这个指标改一下，不要考核营业收入，而是考核主营业务收入。主营业务收入才值得关注，其他业务收入无须纳入考核。

最后，看美化经营活动现金流的问题。既然 F 集团能够轻松操纵经营活动现金流，海外总部考核现金流的意图又是促进应收账款回收，那为何不直接考核应收账款余额呢？

考核者与被考核者之间存在博弈。考核者在选取 KPI 与制定考核评分细则时，一定要考虑到被考核者的应对之策。对于那些华而不实的招数，考核者应料事于先，事先设法加以限制。

六、KPI 考核的步骤与思路

KPI 考核一直是一个敏感、深刻的话题。实务界对 KPI 的作用是有争议的，有人认为，KPI 作为一种舶来品，引入中国水土不服，甚至有人认为 KPI 落后于这个时代。然而，在管理学中，从弗雷德里克·泰勒（Frederick Taylor）的标准化科学管理到彼得·德鲁克（Peter Drucker）的现代组织管理都认为，绝大部分人在没有 KPI 指标时都难以在工作中保持自主性和积极性。

KPI 作为一种管理工具，本身无好坏之分，其应根据企业管理特点，科学地进行设计、考核，这对优化资源配置、实现企业战略目标具有重要的现实意义。

一个完整的 KPI 考核思路，应该包含以下步骤：KPI 的选取、KPI 的权重设置、KPI 的数额确定、KPI 的进度控制、KPI 考核的评分依据及 KPI 考核的奖惩办法。

1. KPI 的选取

企业在设定 KPI 时，一般应根据平衡计分卡的四个维度（学习与成长、流程与变革、客户、财务）进行选择，分别选出有代表性的指标。在学习与成长维度，关注人均效益的提升、团队能力建设；在流程与变革维度，关注市场机会与盈利能力的提升、交付能力的提升、风险管理；在客户维度，关注客户满意度和与战略伙伴的关系；在财务维度，关注规模性的增长、盈利能力、健康的现金流（"财务金三角"）。

（1）财务 KPI 的选取方向——"财务金三角"

华为公司财务 KPI 是从增长性、盈利性、流动性这三个方向去选取的。体现增长性指标的主要是收入、合同额；体现盈利性指标的是净利润、销售毛利率、成本费用率；体现流动性指标的是净现金流量、应收账款的占用、应收账款周转天数、存货周转天数。"财务金三角"体现的是企业的均衡发展，对其中的短木板，可通过 KPI 进行牵引，尽可能让企业经营的增长性、盈利性、流动性俱佳，而不是厚此薄彼。

（2）绝对指标和相对指标的选取

KPI 分绝对指标和相对指标：绝对指标，如收入、回款、总利润；相对指标，如销售毛利率、销售费用率、应收账款周转天数、存货周转天数。这两类指标的差别在于：绝对指标考核的幅度比较窄，偏刚性；相对指标考核的幅度比较宽，它受多个指标共同影响，更具灵活性。

绝对指标和相对指标如何选取？对结果类的指标，如收入、回款、利润，适合采用绝对指标作为 **KPI**；对过程类的指标，如成本费用、资产的流转，适合采用相对指标。

（3）KPI 的选取体现企业的管理侧重

KPI 的选取不能一成不变，应根据董事会的战略意图做出相应调整。华为公司代表处的 KPI 每年都会有变化，例如，要求地区部向利润中心转变，KPI 就增加了净利润指标；为了加强应收账款的管理，增加了应收账款周转天数指标；为了加强存货的管理，增加了存货周转天数指标。

2. KPI 的权重设置

KPI 的权重与 KPI 选取同等重要。企业需要根据其处于生命周期的不同阶段来设置指标的权重，以"财务金三角"为例，从增长性、盈利性、流动性这三个角度来看，KPI 的权重设置可参考下面的建议。

（1）新成立的企业，比例 5：3：2 较合适。新成立的企业的主要任务是打开市场，争取更多市场份额。

（2）稳定发展的企业，比例 4：3：3 较合适。一方面要追求利润，另一方面也要关注现金流，但要把重点放在收入增长上。

（3）现金流紧张的企业，比例 4：2：4 较合适。扩大收入规模，未来有更多的资金流入；另外，应加大对流动性的考核，让经营者更关注回款。

（4）亏损的企业或微利企业，比例 4：4：2 较合适。这时重点应放在增长性和盈利性上。

华为公司的 CN 地区部给代表处下达的 KPI 在权重设置上，增长性指标是合同额、收入额，以及从收入额里划出来的服务收入额，这三个指标分别占 10%、20%、5%。盈利性指标是销售毛利率、净利润费用率和内部运作费用率，占考核比重的 30%。流动性是回款、应收账款周转天数、存货周转天数、超长期应收账款占比，占考核比重的 35%。增长性、盈利性、流动性的权重分别为 35%、30%、35%，公司侧重于增长性和流动性的考核。

KPI 权重设置要合理地分配绝对指标和相对指标，建议以绝对指标为主，相对指标为辅。相对指标的考核权重建议控制在 25%~35%，最好不要突破 40%，因为相对指标考核幅度宽，很容易人为操纵。

3. KPI 的数额确定

KPI 选定后应予以量化。针对 KPI 考核，考核者是绩效评价的主体，被考核者是客体，客体对信息的占有比主体更充分。目标须经足够努力方能实现，"跳起来够得着"才是目标，但把目标定在"天花板"的位置是不易的，原因在于信息不对称。企业给被考核者定目标要客观，同时要做到公平、公正，一方面需要目标制定者有开放的心态；另一方面需要考核者加强对被考核者的监控，力求减轻信息不对称。

4. KPI 的进度控制

KPI 下达后，无论是考核者还是被考核者，都需要关注 KPI 完成的进度。华为公司借助经营分析工具紧盯 KPI，每月都要对 KPI 的完成情况进行分析总结，找出其中的暗点。暗点一般是指没有完成目标、进度落后、和上年相比情况恶化的 KPI。公司相关负责人要对暗点指标进行重点阐述，提出措施建议，并落实到责任人，责令其在规定期限内整改。另外，要在下月做经营分析时进行回顾，标注出不确定的情况，对进度落后的项目重点把关，对 KPI 的全年完成情况进行预测。

另外，我们前面讲过，华为公司非常重视财务预测。预测是打通财务与业务联系的一个绝好工具，预测也是财务人员了解业务的一个重要途径。华为公司代表处每一期经营分析完成后，都要对 KPI 的全年完成情况进行预测。

一定程度上，财务预测让财务分析的质量有了衡量标准。理论上，如果财务分析到位，财务预测也应该是准确的。财务预测的准确性，可视作强考核导向在财务评价上的运用。

5. KPI 考核的评分依据

KPI 考核自然要评分量化，评分有开放式和收敛式两种。完成目标给满分，超额部分不予考虑的评分方式是收敛式的，反之是开放式的。收敛式评分一般会确认一个基准线，基准线以下得 0 分，基准线以上按照完成比例得分。这两种方式各有千秋，华为公司的 KPI 考核评分采用的是开放式的评分标准。

开放式的评分标准意味着得了满分不一定好。为什么华为公司会有这样一个评分理念呢？从 KPI 下达可以看出其大致意图，如果一个被考核者正常可以达到 100 分水平，若刺激他，他的极限可能达到 120 分，但这个极限谁也摸不准，所以 KPI 理论上应该定在正常水平和极限水平之间。竞争性 KPI 考核示意图如图 8-1 所示。

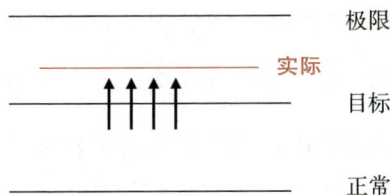

图 8-1 竞争性 KPI 考核示意图

KPI 越靠近极限水平，完成目标的挑战性越大；KPI 越靠近正常水平，完成目标的压力越小。对于考核者来说，都希望被考核者发挥出最大潜力，所以在考核时，应该更看好那些超过目标更多的被考核者。得分靠后的被考核者即便完成了目标，也可能在考核中处于不利地位。开放式评分可以杜绝 60 分万岁的心理，规避完成目标后怠工。

6. KPI 考核的奖惩办法

绩效考核之后需要兑现奖惩。奖励的方式有很多种，如升职、加薪、授予荣誉等。本文主要说明高管团队如何兑现绩效薪酬。

企业通常对高管团队实行年薪制，年薪制的构成为基本薪酬加绩效薪酬，绩效薪酬在年薪中占比不宜低于40%。基本薪酬每个月平均发放，绩效薪酬到年底时根据考核结果一次性发放。董事会先定出总经理的年薪，然后再确定其他高管的年薪，其他高管的年薪多为总经理年薪的 50% ~ 80%。

绩效薪酬发放标准取决于 KPI 考核得分。企业一般会规定，被考核者的 KPI 考核得分低于一定标准时，不能获得绩效薪酬。例如，被考核者的 KPI 考核得分在 80 分以下，不能拿绩效薪酬；得分在 80 分以上，可根据得分的比率享受绩效薪酬，如 KPI 考核得分为 90 分，0.9 乘以绩效薪酬总额就是能拿到的绩效薪酬数。

七、KPI 确定后，目标定多少合适

KPI 的中文名称是"关键绩效指标"。对管理而言，KPI 是管理牵引，是指挥棒。KPI 确定后，还需要确定 KPI 目标。一位知名企业家曾说："KPI 是里程表，知道跑了多远，就能推测出还有多远。"例如，考核收入、利润，要事先讲清楚收入要完成多少、利润要完成多少，明确了这点，实际完成数与目标数的差距自然就清楚了。

KPI 目标一般是上级制定的，如果上级熟悉下情，直接拍板即可。如果上级对下情不甚了了，不妨让下级先报一个数，然后上级在此基础上加点码，加码后的数就是目标了。

确定 KPI 目标，以下几个常见的问题值得我们注意。

（1）压低目标。各层级制定目标，基本思路是将自身承接的目标放大（如加成 10%），按分子公司上年完成情况扩张性分派，特殊情况个别调整。每次目标博弈，总有一些分子公司找出种种理由把目标压低。

（2）鞭打快牛。对上年绩效好的分子公司，目标层层加码。例如，某公司设定库存周转天数为 KPI，第三季度库存周转天数为 76 天，结果第四季度的目标变成了 70 天；为了避免下一年度目标更"苛刻"，员工戏言只有第四季度认倒霉，把库存周转天数做到 90 天了。

（3）打埋伏。确定 KPI 目标时如上级未能吃透下级的"家底"，上级拍定的 KPI 目标与实际可能相差千里。例如，某分子公司第一季度、第二季度签订的合同额就基本完成了年度目标，据兄弟分子公司反映，该子公司上年末留的"余粮"较多，因而斩获了本年的"战果"。

（4）同情"弱者"。例如，某些分子公司上年考核较差，未见经营管理有显著改进，本年绩效却明显好转。虽未绝对但不可否认，上级领导会尽量不让同一分子公司连续完不成目标。

针对 KPI 考核，有人戏称"干得好不如定得低"。对于被考核的下级而言，基于考核免责的考虑，自然希望目标定得低一些；而对于确定目标的上级而言，当然希望目标定得高一些。确定 KPI 目标，有一个基本原则，目标一定要具有挑战性。目标不能让被考核的下级轻松达成，但也不能让下级始终达不成，能否达成取决于被考核者的努力程度。

正如前面所讲，目标要定在"天花板"的位置上。这个说法很有画面感，可是天花板的位置也需要予以明确。天花板有多高呢？有的房子是 2 米 8，有的房子是 3 米 4，而有的房子是 5 米。如果天花板在 5 米的位置上，一个人无论怎么弹跳，也是摸不着、够不到的。永远够不到的 KPI 目标，会让人泄气，是没有考核意义的，自然也不会产生激励作用。

有个形象的说法，跳起来够得着，就是 KPI 的目标。"跳"的过程就是努力的过程，努力够不够，关键看怎么"跳"。如果只是原地起跳就能够到，那么说明目标可能定得偏保守；先助跑 10 米，然后起跳，够得着的地方就可设置为目标了，这个目标才真正具有挑战性。

八、预算调整了，KPI 调整吗

总体来说，预算做不准的常见原因有对市场与业务的理解不透彻；主要经营指标是上级硬压的；为应对考核，有意打埋伏；推出了新产品或开拓了新市场；企业处于初创期，业务未定型；组织架构不断调整，缺乏历史数据参考；预算博弈一方比较弱势；市场出现重大变化。

1. 何时需要调整预算

预算不准是常态，但对预算结果要有考核，有人要为不准承担责任。如果把预算当作管理工具，预算的准确性就必须要有保证。计划总是赶不上变化，调整预算会成为预算管理的常态，预算严重偏离实际时就需要调整。何谓"严重偏离实际"呢？当预算与实际情况产生巨大差异且无法弥补时，过大偏差的预算已经对工作失去指导意义时，调整预算是必需的。

需要强调的是，调整预算是有前提的，不能把因执行者努力不够、经营不善造成的预算执行不理想当作调整预算的理由，不能轻易调整执行不良的预算。

2. KPI 随预算调整吗

预算调整后，企业对预算单位负责人进行绩效考核的 KPI 应该以调整前的预算为依据，还是以调整后的预算为依据呢？这是令很多人都感到困惑的问题。

KPI 如同经营者立下的"军令状"，是非常严肃的。理论上 KPI 不应变更。如果市场没有出现重大变化，组织结构未进行重大调整，预算可以调整，但作为绩效考核依据的 KPI 不能调整。调整后的预算主要用于过程控制，后续预算执行以调整后的预算为主。但 KPI 应依旧使用调整前的预算。因此，一般情况下考核用调整前的，执行用调整后的。

实务中，也有特殊情形不能按上述原则确认绩效考核依据。例如，KPI 偏差过大，会导致绩效考核显失公允，引起激励效果不足。这时该怎么办？下面通过两个案例进行分析。

【例 8-1】甲公司销售部 2021 年确定的 KPI 为收入 2 000 万元，回款 2 340 万元。半年过去后，因为甲公司所处行业受到政策性限制，产品销售急剧萎缩。公司决定，将销售部的预算调整为年收入 800 万元，回款 936 万元。

很显然，如果继续按照原来的 KPI 对销售部进行考核，已经毫无意义。无论销售部如何努力，都不可能完成 KPI。这种情况下，按照调整后的预算对销售部进行 KPI 考核更可取。

【例 8-2】乙公司旗下新成立了子公司，2021 年确定的 KPI 为收入 2 000 万元，回款 2 340 万元。半年过去后，发现该子公司产品销售势头强劲，上半年就已经超额完成了全年的 KPI。公司决定，将子公司的预算调整为年收入 5 000 万元，回款 5 850 万元。

这种情况下，如果按照调整后的预算重新确定 KPI，会给被考核者一种"鞭打快牛"的感觉。如果让被考核者感觉这是上级在有意调整 KPI 施压，被考核者可能会产生逆向选择的心理，故意不完成 KPI，"留余粮、打埋伏"。因此，这种情形下依旧采用以前的 KPI 或许更易让人接受。

通过这两个案例分析，不难发现，在预算显失公允时，预算调整与 KPI 调整可以同步，也可以不同步。关键点在于，预算调整后是否对被考核者有利：如果有利，KPI 可随之调整；如果不利，KPI 不宜调整。

附录

华为公司 2021 年财报解析

2022 年 3 月 28 日，华为公司在官网公布了其 2021 年的年报，年报中有华为公司的财务报表信息与主要财务数据信息附注。本部分内容主要针对这份年报做一番解读，通过财务数据分析华为公司的业务发展。我们先来看华为公司的五年财务概要。其五年的核心财务数据（见图 1）并列，我们既可以做比较分析，也可以做趋势分析。

（特此声明：以下分析的论点、论据均来自于华为公司公开发布的数据和信息。）

| | 2021年 | | 2020年 | 2019年 | 2018年 | 2017年 |
	（百万美元）	（人民币百万元）	（人民币百万元）			
销售收入	99 887	636 807	891 368	858 833	721 202	603 621
营业利润	19 044	121 412	72 501	77 835	73 287	56 384
营业利润率	19.1%	19.1%	8.1%	9.1%	10.2%	9.3%
净利润	17 837	113 718	64 649	62 656	59 345	47 455
经营活动现金流	9 360	59 670	35 218	91 384	74 659	96 336
现金与短期投资	65 304	416 334	357 366	371 040	265 857	199 943
运营资本	59 122	376 923	299 062	257 638	170 864	118 503
总资产	154 184	982 971	876 854	858 661	665 792	505 225
总借款	27 465	175 100	141 811	112 162	69 941	39 925
所有者权益	65 040	414 652	330 408	295 537	233 065	175 616
资产负债率	57.8%	57.8%	62.3%	65.6%	65.0%	65.2%

注：美元金额折算采用 2021 年期末汇率，即 1 美元兑 6.3753 元人民币。

图 1　华为公司五年核心财务数据

对华为公司年报的财务分析，下面拟围绕"财务金三角"（增长性、盈利性、流动性）进行，透过"财务金三角"（见图 2）的表现总括评价华为公司的财务面貌。

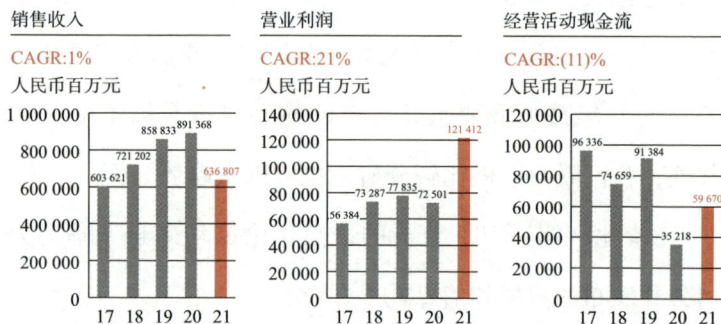

销售收入

CAGR:1%

人民币百万元

营业利润

CAGR:21%

人民币百万元

经营活动现金流

CAGR:(11)%

人民币百万元

注：CAGR 为复合增长率。17、18、19、20、21 代表 2017 年—2021 年，后同理。

图 2 "财务金三角"的表现

从"财务金三角"着眼，华为公司的年报有三个需要特别关注的点：

第一，销售收入下降的原因，下降趋势能否得到遏制；

第二，营业利润大幅增长的原因，这种增长是否具有可持续性；

第三，经营活动现金流低于营业利润的原因，资金能否维系公司的稳健运营。

一、增长性分析

1. 销售收入下降的原因分析

2021 年华为公司的销售收入大幅下降 28.6%，这也是华为公司持续数年增长后销售收入首次下滑。在 2021 年年报发布会上，华为公司 CFO 孟晚舟在答记者问时，对此指出了三点原因：

第一，过去三年，华为公司在供应连续性上是持续承压的，面对国际市场的种种新挑战，华为公司的手机、PC 业务承压很大；

第二，运营商业务与全球 5G 建设的周期紧密相关，中国经过 2020 年 5G 建设高峰，到 2021 年有所放缓；

第三，华为公司和全球所有企业一样，在新冠肺炎疫情下承受了一定的压力。

华为公司销售收入能否止跌回升，孟晚舟讲了这样一番话，"2021 年对华为而言，我们也许已经穿过了这次劫难的黑障区，这与我们全体员工的努力是分不开的，我们的队伍在这三年的持续承压中更加的团结，我们的战略也在这三年中变得更加清晰。""我们也许已经穿过了这次劫难的黑障区"，这句话是本次年报发布会上非常亮眼的一句话。这句话或许可以表明华为公司面对的经营不确定性已大大降低。

2. 收入的构成分析

华为年报分别按业务类别与销售区域对销售收入做了分类，具体如图 3 所示。

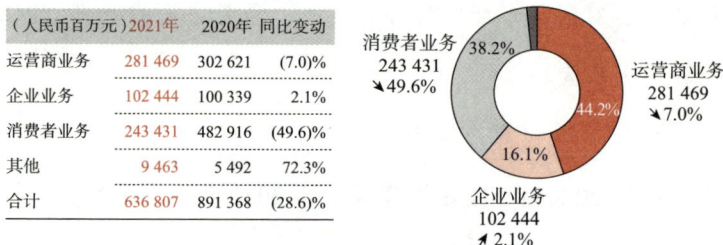

（人民币百万元）	2021年	2020年	同比变动
运营商业务	281 469	302 621	(7.0)%
企业业务	102 444	100 339	2.1%
消费者业务	243 431	482 916	(49.6)%
其他	9 463	5 492	72.3%
合计	636 807	891 368	(28.6)%

消费者业务
243 431
↘49.6%

38.2%

运营商业务
281 469
↘7.0%

44.2%

16.1%

企业业务
102 444
↗2.1%

图 3　销售收入分类数据

从业务类别上看，华为公司的两大主业"运营商业务"与"消费者业务"的收入出现下滑。在运营商领域，华为实现了销售收入约 2 815 亿元人民币，其中，海外的收入占比超过了 50%。运营商业务实现收入相比 2020 年下降 7.0%，这主要是因建设周期影响造成的。整体来看，运营商业务市场占有率符合预期，收入规模也符合预期。

华为公司的消费者业务受到社会的普遍关注，在 2021 年，华为公司消费者业务仅实现了约 2 434 亿元人民币的收入，相比 2020 年，下滑幅度达到 49.6%。影响主要来自于手机、平板、PC 这三个受限的业务领域。与此同时，华为穿戴设备、大屏等几类业务出现了非常明显的增长，增长率超过了 30%。

企业业务在 2021 年实现了销售收入约 1 024 亿元人民币，企业业务占公司销售收入的权重达到了 16.1%，新兴业务如华为云、数字能源增长非常亮眼，这两块业务的收入增长都超过了 30%。华为公司致力于将 ICT（信息与通信）技术应用到千行百业，通过数字化、智能化升级和绿色节能减排，为各行各业创造增量价值，企业业务有望成为华为公司新的业务增长点。

从销售区域构成来看，华为公司在中国，欧洲、中东、非洲，亚太（除中国外的其他亚太国家），美洲四大市场 2021 年实现的销售收入相比 2020 年均出现了较大幅度的下滑，具体如图 4 所示。

（人民币百万元）	2021年	2020年	同比变动
中国	413 299	597 983	(30.9)%
欧洲中东非洲	131 467	180 819	(27.3)%
亚太	53 675	64 466	(16.7)%
美洲	29 225	39 664	(26.3)%
其他	9 141	8 436	8.4%
合计	636 807	891 368	(28.6)%

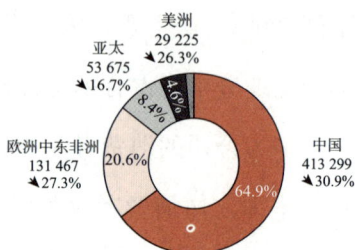

图4　各销售区域的销售收入

华为公司在中国市场实现销售收入约4 133亿元，收入占比高达64.9%，中国市场无疑是华为公司最核心的市场。2021年，华为公司中国市场销售收入下滑幅度高达30.9%。

年报指出，在中国市场，运营商业务受益于国内5G建设持续深入，发展较为稳健；企业业务在行业数字化与智能化转型加速推进下，健康成长；消费者业务坚持高品质，向场景化、生态化发展，为消费者提供极优体验。

二、盈利能力分析

1.净利润分析

相比 2020 年，华为公司 2021 年的销售收入下滑 28.6%，净利润同比增长 75.9%，2021 年营业利润逆势上扬，高达 19.1%，具体如图 5 所示。

（人民币百万元）	2021年	2020年	同比变动
销售收入	636 807	891 368	(28.6)%
销售毛利	307 442	327 132	(6.0)%
——销售毛利率	48.3%	36.7%	11.6%
期间费用	(246 827)	(255 323)	(3.3)%
——期间费用率	38.8%	28.6%	10.2%
其他净收支	60 797	692	8 685.7%
营业利润	121 412	72 501	67.5%
——营业利润率	19.1%	8.1%	11.0%
净财务收入	493	(367)	(234.3)%
所得税	(8 227)	(7 655)	7.5%
净利润	113 718	64 649	75.9%

图 5　净利润相关数据

收入减少、利润增加，这无疑是反常的。原因何在？从数据上看，2021 年华为公司的产品销售毛利率增加了 11.6%，这反映了华为公司的产品盈利能力在增强，销售毛利率提升源于华为公司对产品的销售结构进行了调整；再就是其他净收支大幅增加。净利润大幅增加有经营质量的改善和产品结构优化的原因，更主要的原因是公司出售了部分业务和子公司。

2. 其他净收支分析

其他净收支（见图6）主要来自于华为公司"处置子公司及业务的净收益"，为574.31亿元。如果华为公司的营业利润剔除掉"处置子公司及业务的净收益"影响数，华为公司2021年的营业利润相比2020年将略微下滑，净利润率与上年持平，略有提升。相比大幅下降的销售收入数据，华为公司2021年利润上的表现依旧是夺目的。

（人民币百万元）	附注	2021年	2020年
处置子公司及业务的净收益	34	57 431	592
政府补助	(i)	2 571	2 785
代扣个人所得税手续费返还		573	504
物业、厂房及设备、无形资产、 商誉和使用权资产减值转回/(损失)		72	(2 170)
保理费用		(672)	(811)
捐赠		(231)	(724)
处置物业、厂房及设备、无形资产和使用权资产的净损失		(112)	(205)
其他		1 165	721
		60 797	692

图6　其他净收支数据

华为公司于2020年与深圳市智信新信息技术有限公司（"深圳智信"）达成协议，将荣耀业务（消费者业务的一个重要品牌和组成部分）出售予深圳智信，2021年，荣耀业务相关资产和负债完成交割。根据相关协议条款，深圳智信将分期支付收购对价。

华为公司于2021年将全资子公司"超聚变"全部权益出售予第三方，相关资产和负债在同一年度完成交割，购买方将分期支付收购对价。

2021年度，华为公司就上述两项交易确认的处置收益记录在"其他净收支"中的"处置子公司及业务的净收益"。这两项处置收益尚未完全实现回款。

3. 销售和管理费用分析

华为公司2021年的期间费用率虽比2020年增加了10.2%，但期间费用总额却下降了3.3%。2021年，华为公司加强内部经营管理，实现了成本挖潜。华为公司对整个供应计划进行了更好的协同管理，极大地改善了从订单到收入的整个周期；同时，华为公司基于在ICT领域的持续的技术积累，通过数字化运营，极大地推动了内部作业效率的提升。这些努力帮助华为公司实现了销售和管理费用下降近100亿元，2021年华为公司的销售和管理费用相比

2020 年大幅下降了 8.2%，具体如图 7 所示。

（人民币百万元）	2021年	2020年	同比变动
研发费用	142 666	141 893	0.5%
——研发费用率	22.4%	15.9%	6.5%
销售和管理费用	104 161	113 430	(8.2)%
——销售和管理费用率	16.4%	12.7%	3.7%
期间费用合计	246 827	255 323	(3.3)%
——期间费用率	38.8%	28.6%	10.2%

图 7　研发、销售和管理费用数据

4. 研发费用分析

我们也能看到华为公司在研发上的不懈努力，2021年，尽管华为公司的销售收入大幅下滑，但其在研发上的投入并没有削减。华为公司一方面坚持对云、人工智能、智能汽车部件及软件根技术重点投入，另一方面为保障业务连续性重点投入。2021 年，其研发费用额度比 2020 年增长了 0.5%（见图 7），研发费用占销售收入的比例大幅攀升至 22.4%，这一比例是一个历史高位。

这里要特别讲解一下华为公司对研发费用的核算。研究与开发支出通常只有在项目开发阶段后期才满足资本化条件，华为公司根据自身研究开发活动的性质，考虑到项目开发阶段后期剩余开发成本并不高，因此其研究与开发支出通常于发生时确认为费用。企业的价值不仅仅是反映在财务报表的结果上，对于华为这样的高科技企业，面向未来的长期投资更能说明一个企业的真正价值。华为公司的真正价值在于它长期在研发领域的投资所沉淀和积累下来的研发能力、研发队伍、研发平台，这才是华为公司构建长期持续竞争力的核心。

华为公司在研发方面的投入与成果如图8所示。

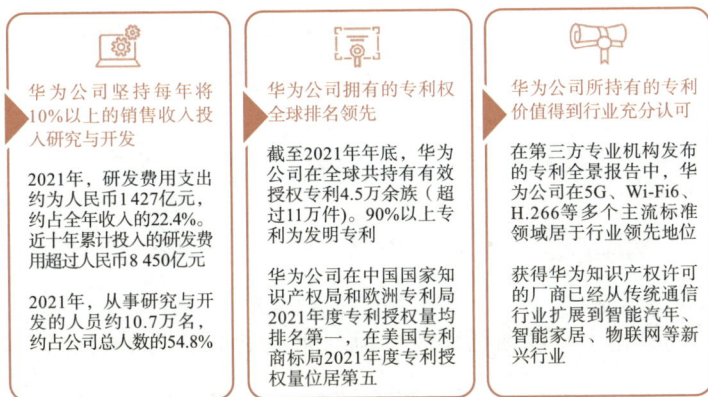

华为公司坚持每年将10%以上的销售收入投入研究与开发

2021年，研发费用支出约为人民币1 427亿元，约占全年收入的22.4%。近十年累计投入的研发费用超人民币8 450亿元

2021年，从事研究与开发的人员约10.7万名，约占公司总人数的54.8%

华为公司拥有的专利权全球排名领先

截至2021年年底，华为公司在全球共持有有效授权专利4.5万余族（超过11万件）。90%以上专利为发明专利

华为公司在中国国家知识产权局和欧洲专利局2021年度专利授权量均排名第一，在美国专利商标局2021年度专利授权量位居第五

华为公司所持有的专利价值得到行业充分认可

在第三方专业机构发布的专利全景报告中，华为公司在5G、Wi-Fi6、H.266等多个主流标准领域居于行业领先地位

获得华为知识产权许可的厂商已经从传统通信行业扩展到智能汽车、智能家居、物联网等新兴行业

图8　华为公司在研发方面的投入与成果

5. 雇员费用分析

相比2020年，华为公司雇员费用有小幅下降，时间单位计划大幅度下降（见图9）。这也可以从侧面说明，为

应对不确定性，华为公司加强了成本费用管理，在雇员费
用问题上保持了审慎的理性。

（人民币百万元）	2021年	2020年
工资、奖金及津贴	137 140	139 095
时间单位计划	6 544	9 550
设定受益计划	5 240	5 183
定额供款计划及其他	15 614	12 233
	164 538	166 061

图 9　雇员费用数据

三、流动性分析

1. 经营活动现金流分析

理论上，经营活动现金流与营业利润这两个数据是正
线性相关的，经营活动现金流略大于营业利润。对比华
为公司的经营活动现金流与营业利润，不难看出，2017
年与 2019 年经营活动现金流远大于当年的营业利润（见
图 10），这里应有预收账款的影响，影响数持续到了
2020 年与 2021 年。经营活动现金流实现约 597 亿元人

民币，相比 2020 年提升了 69.4%。如果剔除营业利润中的"处置子公司及业务的净收益"，那么华为公司的营业利润基本上都是有现金回款支撑的。经营活动现金流的增长能够非常直观地说明华为公司主营业务的造血能力在持续增强，其应对外部不确定性的能力也在同步提升。这也是华为公司能够保证在未来长期持续投入的一个关键因素。

营业利润

CAGR:21%

人民币百万元

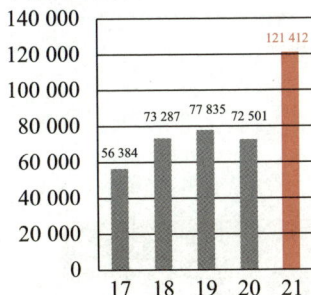

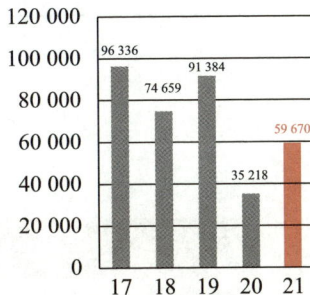

经营活动现金流

CAGR:(11)%

人民币百万元

图 10 营业利润与经营活动现金流相关数据

2. 存货与应收账款分析

从 2021 年华为公司的存货、应收账款、应收票据的余额来看，这两项敏感流动资产的控制是比较好的，如图 11 至图 13 所示。

（人民币百万元）	2021年	2020年
存货		
原材料	91 620	89 196
在产品	23 191	24 869
产成品及消耗品	30 557	34 384
发出商品	12 730	12 534
其他存货	2 980	6 320
	161 078	167 303
其他合同成本	228	364
	161 306	167 667

图 11　存货数据

（人民币百万元）	附注	2021年	2020年
应收账款			
应收第三方	(i)	72 063	74 999
应收关联方	31	179	27
		72 242	75 026

图 12　应收账款数据

（人民币百万元）	附注	2021年	2020年
应收票据			
银行承兑汇票		1 290	689
商业承兑汇票		4 807	2 140
应收信用证		1 008	849
	(ii)	7 105	3 678
		79 347	78 704
非流动部分		3 113	3 963
流动部分		76 234	74 741
		79 347	78 704

图 13　应收票据数据

3. 资产负债率分析

　　企业资产总额的增加自然是基于负债的增加与所有者权益的增加。如果企业没有增发股份，所有者权益的增加主要来源于净利润的增加。负债增加是拉升资产负债率的因素，净利润增加是降低资产负债率的因素。2016 年，华为公司的资产负债率达到峰值 68.4%，此后一路下降（2019 年略有反弹）。从 2018 年至 2021 年，华为公司的总借款持续增加（见图 14），资产负债率基本在持续降低，这说明华为公司的发展是稳健的，在债务管理与资金管理上的平衡做得是到位的。另外，我们从华为公司的资产结构中也可以看出，华为公司将近 99% 的资产是有形资产（见图 15）。这样的资产结构符合华为公司一直以来稳健投资、内生化发展的业务策略。

（人民币百万元）	2021年		2020年	2019年	2018年	2017年
	（百万美元）	（人民币百万元）		（人民币百万元）		
总资产	154 184	982 971	876 854	858 661	665 792	505 225
总借款	27 465	175 100	141 811	112 162	69 941	39 925
所有者权益	65 040	414 652	330 408	295 537	233 065	175 616
资产负债率	57.8%	57.8%	62.3%	65.6%	65.0%	65.2%

注：美元金额折算采用 2021 年期末汇率，即 1 美元兑 6.3753 元人民币。

图 14　资产负债率相关数据

（人民币百万元）	附注	2021年 12月31日	2020年 12月31日
资产			
商誉及无形资产	14	8 104	9 169
物业、厂房及设备	15	124 134	118 378
使用权资产	29	21 666	18 423
于联营公司权益	16	4 342	1 839
其他投资及衍生工具	17	30 194	10 244
递延所得税资产	18	10 340	10 748
合同资产	20	1 207	1 648
应收账款及应收票据	21	3 113	3 963
其他资产	22	10 493	11 048
非流动资产合计		213 593	185 460
存货及其他合同成本	19	161 306	167 667
合同资产	20	51 337	51 954
应收账款及应收票据	21	76 234	74 741
其他资产	22	63 923	39 442
其他投资及衍生工具	17	288 183	184 692
现金及现金等价物	23	128 395	172 898
流动资产合计		769 378	691 394
资产总计		982 971	876 854

图 15　资产相关数据

四、小结

通读华为公司 2021 年财报，我最真切的感受是，华为公司的年报充分体现了其实现的是"有利润的收入，有现金流的利润"。华为公司追求的是可持续的发展，高质量的发展。可持续的发展体现在华为的研发投入上，高质量的发展体现在利润与现金流的完美契合上。

透过这份年报里的收入、利润、资产负债率、经营活动现金流等几个维度的数据，我们可以看出华为公司在不利的发展态势下，正在苦练内功，强壮肌体，其财务的韧性和能力都在提升。

近两年，华为公司也面临着发展困境，在海外业务与主要业务板块（运营商业务、消费者业务）发展受限的情况下，其一方面加大了研发力度，快速突围；另一方面挖掘出了企业新的业务增长点（企业业务，穿戴设备与大屏等消费者业务），让新的业务增长点快速成长为支柱业务。